Guardia Civil

Escala de Cabos y Guardias

Julio, 2025

Guardia Civil

Pruebas físicas

DAVID SOTELINO LÓPEZ

Licenciado en Ciencias de la Actividad Física y el Deporte
Máster en Capacitación Aptitud Pedagógica (CAP)
Profesor de Universidad del Grado de Ciencias de la Actividad Física y del Deporte
Profesor de Universidad en los grados de Educación Infantil y Educación Primaria
Entrenador Nacional Musculación, Fisicoculturismo y Halterofilia
Personal Trainer
Entrenador Nacional de Musculación, Fisicoculturismo y Halterofilia, Natación, Remo,
Baloncesto, Rugby y Piragüismo
Preparador físico de opositores a Fuerzas y Cuerpos de Seguridad del Estado
Socorrista acuático y experto en Primeros Auxilios, con dominio de RCP y desfibrilador
Quiromasajista Terapéutico y Deportivo

davidentrenadorpersonal@hotmail.es
www.davidsotelino.com
facebook.com/davidsotelinoentrenadorpersonal
twitter.com/@dsotelinopt
youtube: david sotelino entrenador personal
instagram.com/davidsote_entrenadorpersonal/

© 7 Editores Recursos para la Cualificación Profesional y el Empleo, S.L. (7 Editores)
© El autor
Cuarta edición, julio 2025 (250 páginas)
Derechos de edición reservados a favor de 7 Editores
IMPRESO EN ESPAÑA
Diseño Portada: 7 Editores
Edita: 7 Editores
Avda. San Francisco Javier, 9 · Edificio Sevilla 2 · Planta 11 · Módulos 25-27 · 41018 Sevilla
Teléfono: 954 784 411 · WEB: www.mad.es · e-mail: administracion@7editores.com
ISBN: 978-84-142-9712-4
© "Editorial Mad" y "Eduforma" son nombres comerciales registrados de
7 Editores Recursos para la Cualificación Profesional y el Empleo, S.L.

Presentación

Nueva edición del libro dirigido a la preparación de las pruebas físicas para el ingreso en los centros docentes de formación, para la incorporación a la Escala de Cabos y Guardias del Cuerpo de la Guardia Civil, según se especifica en la última convocatoria publicada en el BOE núm. 128 de 28 de mayo de 2025.

Mediante la realización de un test físico inicial, el aspirante podrá conocer su estado físico actual, identificar su situación de partida y planificar su entrenamiento para la superación de las cuatro pruebas físicas.

En el libro se incluyen, además, distintos programas de entrenamiento en función del tiempo disponible, pautas para entrenar cada prueba, orientaciones nutricionales para optimizar el rendimiento y asegurar el éxito y consejos para los días previos a las pruebas.

Esperamos que este material cumpla con su cometido y le ayude a conseguir su objetivo.

Índice

CAPÍTULO 1

Descripción de las pruebas físicas del proceso selectivo

1. Introducción

En las bases de la convocatoria se especifica en qué consisten las pruebas de acceso a la Guardia Civil:

"5.2. La fase de oposición se ajustará al régimen establecido en la Orden PCI/155/2019, de 19 de febrero y lo previsto en el Reglamento de ordenación de la enseñanza en la Guardia Civil y constará de las siguientes pruebas:

a) Conocimientos teórico-prácticos, que a su vez consta de:

  – Ortografía.

  – Conocimientos generales.

  – Lengua inglesa.

b) Psicotécnica, que se compone de:

  – Aptitudes intelectuales.

  – Perfil de personalidad.

c) Aptitud psicofísica, que se divide en:

  – Pruebas físicas.

  – Entrevista personal.

  – Reconocimiento médico".

En concreto, las pruebas físicas se desarrollan en el apartado 6.1.3.:

"6.1.3. Pruebas de aptitud psicofísica: Consistirán en la realización de los ejercicios físicos descritos en el Apéndice II de esta Convocatoria, donde se determinan las marcas mínimas a superar en cada uno de ellos. El Tribunal de Selección podrá determinar el orden de ejecución de los ejercicios pudiéndose realizar varios de ellos simultáneamente, en este caso deberá estar presente en cada uno de ellos, al menos, un miembro del Tribunal de Selección".

La calificación de las pruebas de aptitud psicofísica se concretan en el apartado 8 de las bases:

"8.1 Pruebas físicas:

  La calificación de los ejercicios físicos será de «apto» o «no apto». Se calificarán como «no apto» aquellos que no logren superar todos los ejercicios físicos descritos en el apéndice II. Los calificados «no apto» serán excluidos del proceso selectivo en el momento de no superar alguno de ellos. Los resultados se expondrán en el lugar donde se hayan realizado dichos ejercicios y en la dirección de internet a que se hace referencia en la base 4.11. 8.1.2 La petición de revisión de la calificación otorgada en las pruebas físicas habrá de realizarse mediante solicitud dirigida al Presidente del Tribunal de Selección en el plazo que determine la Resolución por la que se publique dicha calificación.

2. Descripción de las pruebas de aptitud física

Las pruebas se realizarán en el orden que, en cada momento, determine el Tribunal de Selección.

2.1. Circuito de agilidad y coordinación

Esta nueva prueba ha sustituido a una de carrera de 60 metros.

Consistirá en completar el recorrido que figura en el siguiente gráfico representativo. La salida será de pie, detrás de la línea de partida, pudiendo iniciarse el recorrido desde cualquiera de los lados de la valla de inicio. En caso de iniciarse desde el lado izquierdo de la valla de inicio, el recorrido deberá realizarse de igual modo que se muestra en el gráfico, pero invirtiendo el orden, derecha e izquierda, de los banderines, así como de las bases de cada una de las vallas. Se medirá el tiempo transcurrido desde el inicio hasta que la persona que realiza la prueba toca el suelo con uno o con ambos pies, tras superar su cuerpo totalmente la última valla. Deberá cubrirse dicho recorrido en un tiempo no superior a los expresados en la tabla. Se permitirán dos intentos, espaciados para facilitar la recuperación del aspirante, en el caso de que el primer intento se declare nulo o se supere el tiempo máximo establecido. Será nulo todo intento en el que el aspirante: – Modifique el recorrido señalado en el gráfico. – Derribe o desplace cualquiera de los elementos

Circuito de agilidad

2.2. Prueba de resistencia muscular

Carrera de 2000 metros lisos. La salida se realizará en pie. Dicha distancia se cubrirá en tiempo no superior a los expresados en la tabla (se incluye al final del apartado). Un único intento.

2.3. Prueba de potencia del tren superior (extensiones de brazos)

Consistirá en la realización de extensiones de brazos desde la posición de tierra inclinada. Colocará las palmas de las manos en el suelo manteniendo los brazos perpendiculares al suelo y con la anchura de los hombros. Desde esta posición se realizarán todas las flexiones-extensiones de brazos sin detención, teniendo en cuenta que se contabilizará como efectuada una flexión-extensión cuando se toque con la barbilla en el suelo y se vuelva a la posición de partida, manteniendo en todo momento la cabeza, hombros, espalda y piernas en prolongación y no tomándose como válida toda flexión-extensión de brazo que no sea simultánea o en la que se apoye en el suelo parte distinta de la barbilla, punta de los pies y manos. La zona de contacto de la barbilla con el suelo podrá almohadillarse con un grosor máximo de 6 centímetros.

Durante el ejercicio se permite un descanso, en cualquier momento, siempre que este se realice en posición de tierra inclinada hacia delante, sin poderse realizar movimientos o separar las partes del cuerpo en contacto con el suelo.

El número de flexiones-extensiones que se realicen no será inferior a los expresados en la tabla. Se permitirán dos intentos espaciados para permitir la recuperación del ejecutante.

2.4. Prueba de soltura acuática

Consistirá en completar 50 metros de natación estilo libre en piscina en un tiempo no superior a los expresados en la tabla. No se permitirá el contacto con cualquiera de los elementos que delimiten la calle, salvo el imprescindible para realizar el viraje cuando este sea necesario. Un único intento.

Prueba	Sexo	Menor de 35 años	Igual o mayor de 35 años y menor de 40 años	Igual o mayor de 40 años
Resistencia (R2)	H	9 m, 25 s	9 m, 48 s	10 m, 33 s
	M	11 m, 14 s	11 m, 35 s	12 m, 49 s
Coordinación (C1)	H	14 s	14,40 s	15,10 s
	M	16 s	16,40 s	17,90 s
Potencia tren superior (P3)	H	16	16	14
	M	11	11	9
Soltura acuática (O1)	H	70 s	71 s	73 s
	M	81 s	83 s	88 s

CAPÍTULO 2

Preguntas frecuentes

Índice

1. ¿Quién se puede presentar a las oposiciones de Guardia Civil?

Todo el que cumpla los requisitos que se exigen en la convocatoria.

2. ¿Todo el mundo puede llegar a aprobar los exámenes físicos?

Así es, podrá hacerlo todo aquel que se lo proponga y entrene para ello. Las pruebas físicas evalúan el rendimiento físico y motor, siendo ello necesario para desarrollar la labor de Guardia Civil.

3. ¿Cómo se pueden superar las pruebas físicas?

La forma de aprobar es entrenando. Por muy baja que sea la condición física, con esfuerzo y dedicación se mejora y consigue una buena nota. Para ello, bastará con seguir las indicaciones que se dan en este libro.

4. ¿En cuánto tiempo se pueden preparar con éxito las cuatro pruebas físicas?

Va a depender del nivel de condición física inicial pero, salvo pocas excepciones, bastará con tres o cuatro meses. En algún caso se necesitará más tiempo, dependiendo de la genética y la capacidad de asimilación del entrenamiento deportivo (no todas las personas mejoran al mismo ritmo).

5. ¿Cómo se puede saber el estado de forma física inicial?

A través de los test de valoración anatómica e inicial que se incluyen en los capítulos 8 y 9 del libro, cada aspirante podrá evaluar su estado físico anatómico y la condición física que tiene en relación a las cuatro pruebas que se piden en la oposición.

6. ¿Qué es necesario para llevar a cabo los entrenamientos?

Sobre todo, ganas y algo de tiempo. Para preparar las pruebas se requiere ropa adecuada e instalaciones deportivas, así como unas pautas de entrenamiento que garanticen la mejora y eviten posibles lesiones.

7. ¿Se pueden preparar estas pruebas sin necesidad de ir a un gimnasio?

Así es, no es necesario ir a un gimnasio. La única instalación necesaria será una piscina. Contando con la ayuda de un preparador físico, ya sea a distancia o presencial, se podrán mejorar dichas pruebas físicas.

Para la preparación del circuito de agilidad, en el capítulo 9 se recomendará un material alternativo con el que se puede construir.

8. ¿Todas las pruebas son susceptibles de mejora?

Por supuesto. Si se entrenan correctamente, se progresará en cada una de las cuatro pruebas físicas. Puede haber alguna que cueste más trabajo, pero con esfuerzo y constancia se obtendrán mejores resultados.

CAPÍTULO 3

Conceptos fundamentales

En este capítulo se definen las palabras técnicas que se usan a lo largo del libro:

– **Aceleración**: capacidad de aumentar la velocidad de un cuerpo en cierto tiempo. Puede consistir en pasar de una situación sin movimiento a otra en la que se adquiere cierta velocidad. O bien, puede conllevar a un aumento de la velocidad actual, consiguiendo con ello una nueva velocidad mayor.

– **Ácido láctico**: sustancia que se forma en la sangre debido a la falta de oxígeno en los músculos al realizar un ejercicio físico de alta intensidad.

– **Alimentación**: ingestión de sustancias por parte de los organismos de los seres vivos para conseguir energía y desarrollarse. Puede ser objeto de fines nutricionales y psicológicos, implicando con estos últimos una simple satisfacción y obtención de sensaciones gratificantes.

– **Anabolismo**: proceso del metabolismo de construcción de moléculas grandes a partir de otras más pequeñas. Ejemplo: formación de proteína a partir de aminoácidos, con el fin de formar nuevas células.

– **Carga**: medida de trabajo de entrenamiento desarrollado. Se contabiliza por medio del volumen y la intensidad.

– **Catabolismo**: proceso inverso al anabolismo, en el cual hay una destrucción de moléculas grandes formándose moléculas más pequeñas. Esto sucede al estar muchas horas sin ingerir alimento, lo cual no es nada recomendable ya que se destruye tejido muscular o, al menos, no se favorece a su crecimiento.

– **Contracción (muscular)**: proceso fisiológico en el cual un estímulo previo hace que los músculos desarrollen tensión y se acorten (contracción isotónica concéntrica), se estiren (contracción isotónica excéntrica) o permanezcan en la misma posición (contracción isométrica). Ejemplo de contracción isotónica concéntrica: flexiones de brazo, extensión de codos (fase positiva o de subida). Ejemplo de contracción isotónica excéntrica: flexiones de brazo, flexión de codos (fase negativa o de bajada). Ejemplo de contracción isométrica: suspensión en barra.

Contracción del gemelo

– **Cualidades físicas básicas**: fuerza, resistencia, velocidad y flexibilidad.

– **Definición (muscular)**: pérdida de grasa corporal con fines estéticos (marcar más los músculos) o funcionales (estar más ligero para la realización de las pruebas físicas).

– **Densidad**: relación temporal entre la fase de trabajo y la de recuperación. Es el descanso que toma la persona para poder tener un mejor aprovechamiento de su actividad física. Ejemplo: un entrenamiento de 40 minutos de duración, de los cuales 5 minutos se han utilizado para descansar es un entrenamiento más denso que uno de la misma duración pero que ha tenido 10 minutos de descansos.

– **Deporte**: actividad física reglada (tiene normas) e institucionalizadas (esas normas están estandarizadas).

– **Duración**: tiempo en el que se desarrolla un ejercicio físico. Ejemplo: 20 minutos de carrera continua.

– **Ejercicio físico**: movimiento consciente y sistemático que mantiene y/o mejora la condición física y la salud.

- **Entrenamiento deportivo**: consiste en la ejercitación y preparación fisiológica para soportar cargas físicas que provocan una adaptación funcional o morfológica. Según Matvéiev, *"El entrenamiento deportivo es la forma fundamental de preparación del deportista, basada en ejercicios sistemáticos y la cual representa, en esencia, un proceso pedagógicamente con el objeto de dirigir la evolución del deportista (su perfeccionamiento deportivo)"*.

- **Flexibilidad**: capacidad física básica que consiste en el estiramiento de los músculos del cuerpo. Ejemplo: de pie apoyando una pierna en un banco a 90º, paralela al suelo, hacer flexión de tronco inclinándose hacia delante (flexibilidad de los isquiotibiales).

Estiramiento para mejorar la flexibilidad

- **Frecuencia cardiaca**: pulsaciones por minuto que realiza el corazón para bombear sangre a los músculos. Ejemplo: 150 pulsaciones / minuto.

- **Frecuencia cardiaca máxima (FC máx.)**: dato teórico obtenido de la fórmula 220 – edad, con el cual se supone que las pulsaciones de un deportista no sobrepasarían de ese resultado ni con un gran esfuerzo (hay excepciones en muchas personas). A partir de este dato se aplican porcentajes para determinar intensidades de esfuerzo. Ejemplo: FC máxima de un chico de 20 años = 220 – 20 años = 200 pulsaciones por minuto. Carrera continua al 70 % de la FC máxima = 200 x 0.70 = 140 puls/min.

– **Fuerza (muscular)**: capacidad física básica que consiste en la superación de una resistencia externa o interna mediante una contracción muscular.

Ejercicio de fuerza superando una resistencia

– **Hipertrofia**: aumento de masa muscular. Se produce un ensanchamiento de los músculos, normalmente acompañado de una ganancia de peso corporal (no siempre libre de grasa).

– **Intensidad**: valor cualitativo del ejercicio físico, medido en esfuerzo muscular. Es el grado de concentración y dificultad de un ejercicio en una unidad de tiempo. Ejemplo: pulsaciones por minuto, velocidad (km/h), ritmo de carrera (4 minutos/km), grado de esfuerzo a la hora de realizar el circuito de agilidad, porcentaje de kg levantados respecto al máximo posible, grado de esfuerzo para llegar a las últimas repeticiones realizadas en una serie de flexiones de brazo.

– **Mantenimiento**: fase de afianzamiento de los resultados obtenidos con una dieta y/o ejercicio físico, evitando así el efecto rebote y la regresión al peso y características corporales anteriores no deseadas (porcentaje de músculo y grasa).

- **Mecanismo de defensa**: forma en que el organismo trata de evitar un ataque. En términos de nutrición, se refiere al hecho preventivo de acumular grasa para utilizarla en un futuro como forma de energía en el caso de necesitarla y no disponer de ella. Esto es lo que sucede cuando se entra en fase catabólica (catabolismo) por estar demasiado tiempo sin ingerir alimento. Ejemplo: los osos se alimentan en exceso para prevenir la falta de ingesta de alimentos en los periodos de hibernación.

- **Metabolismo**: conjunto de reacciones y procesos sucedidos en las células y en el organismo que permiten diversas actividades: crecer, reproducirse, responder a estímulos, etc.

- **Nutrición**: aprovechamiento de los nutrientes, manteniendo el equilibrio interno del organismo.

- **Tasa metabólica basal**: valor mínimo de energía para que un organismo lleve a cabo las funciones vitales básicas: respiración, digestión, etc. Ejemplo: 1000 kilocalorías diarias gastadas en reposo (mujer de 30 años con 55 kilogramos de peso corporal).

- **Parcial**: tiempo que se tarda en recorrer una determinada distancia. Ejemplo: en una carrera de 1000 metros, con 5 parciales de 200 metros, podrían ser 50´´, 45´´, 48´´, 46´´ y 40´´.

Parcial en un cronómetro

– **Parcial acumulativo**: consiste en la suma del tiempo parcial que engobla el tiempo total para recorrer una determinada distancia. Ejemplo partiendo del resultado del ejemplo anterior: 50´´ (200 metros), 1,35´´ (paso por los 400 m), 2,23´´ (paso por los 600 m), 3,09´´ (paso por los 800 m) y 4,09´´ (paso por los 1000 m).

Parcial acumulado en un
cronómetro de mano

– **Planificación**: gestión para obtener un determinado objetivo a corto, medio o largo plazo.

– **Preparación deportiva:** *"un proceso multifacético de utilización racional del total de factores (medios, métodos y condiciones) que permite influir de manera dirigida sobre el crecimiento del deportista y asegurar el grado necesario de su disposición a alcanzar elevadas marcas deportivas",* planteando al proceso de entrenamiento como *"la forma principal de poner en práctica la preparación de deportista basada en la ejercitación sistemática y la cual representa en esencia un proceso organizado pedagógicamente con el objeto de dirigir la evolución del deportista (su perfeccionamiento deportivo)",* según Matvéiev.

- **Pulsómetro**: aparato que sirve para medir la frecuencia cardíaca contando las pulsaciones por minuto del corazón.

Pulsómetro con banda

- **Recuperación**: descanso producido entre ejercicios físicos, normalmente entre series. Hay dos tipos: pasiva (descansado de pie o sentado) y activa (caminando, trotando lentamente, haciendo abdominales, etc.). Ejemplo: 2 minutos entre series de 500 metros de carrera.

- **Repetición**: número de veces que se realiza un determinado ejercicio. Ejemplo: 10 dominadas.

- **Resistencia**: capacidad física básica que consiste en el mantenimiento de un esfuerzo físico durante el mayor tiempo posible.

- **Ritmo**: sucesión regular de movimientos que se repite en un periodo de tiempo determinado. Ejemplo: en una carrera de 10 km realizada en 50 minutos, el ritmo es 5 minutos cada km (ritmo medio).

- **Serie**: conjunto de repeticiones realizadas. Ejemplo: 10 dominadas componen 1 serie. 4 x 10 se referiría a 4 series de 10 repeticiones cada una (total 40 dominadas).

- **Somatotipo**: sistema diseñado para clasificar el tipo corporal o físico. Es utilizado para estimar la forma corporal y su composición. Se utiliza como instrumento en las evaluaciones de la aptitud física en función de la edad y el sexo.

- **Test**: realización de una prueba física con el fin de conocer su resultado. Ejemplo: test de suspensión en barra con resultado de 35 segundos de duración.

- **Velocidad**: capacidad física básica que consiste en desplazarse de un sitio a otro o mover una carga en una unidad de tiempo. Ejemplo: carrera continua a 10 km/hora.

- **Volumen**: valor cuantitativo del ejercicio físico, medido en distancia recorrida, tiempo de duración, número de repeticiones del circuito de agilidad, kilogramos levantados, repeticiones realizadas, dominadas o suspensión en barra. Ejemplo: metros recorridos durante la carrera, dominadas realizadas, segundos suspendidos en barra, etc.

- **Vueltas**: referido al número de veces que se repite un circuito de ejercicios de musculación. Ejemplo: con 3 ejercicios (1, 2 y 3) y 12 repeticiones en cada uno. Si se habla de hacer 3 vueltas al circuito, se deberá realizar 12 repeticiones del ejercicio 1, 12 del ejercicio 2 y 12 del ejercicio 3. Así dos veces más por este orden, con el fin de completar el recorrido de 3 rondas.

CAPÍTULO 4

Las cualidades físicas básicas

Índice

1. Introducción

Las cualidades físicas principales son las siguientes:

– Fuerza.

– Resistencia.

– Velocidad.

– Flexibilidad.

Existen otras cualidades pero son una combinación de estas últimas (agilidad, coordinación, etc.).

2. Fuerza

Consiste en la superación de una resistencia externa o interna mediante una contracción muscular.

Tipos:

– **Fuerza máxima**: realización de una contracción voluntaria que implica un desarrollo de la fuerza total de una per

sona. Puede ser estática o dinámica. Ejemplo: arrancada de halterofilia.

– **Fuerza veloz**: superación de una resistencia con una elevada rapidez de contracción. Ejemplo: lanzamiento de jabalina.

– **Fuerza resistencia**: capacidad para oponerse a la fatiga en el desarrollo repetido de fuerza. Ejemplo: natación.

3. Resistencia

Es la capacidad física básica que consiste en el mantenimiento de un esfuerzo físico durante el mayor tiempo posible.

Tipos:

– **Resistencia aeróbica**: trabajo de larga duración y baja/media intensidad, con predominio de oxígeno suficiente. Ejemplo: carrera continua durante 45 minutos al 70 % de la FC Máxima.

– **Resistencia anaeróbica**: trabajo de más corta duración y alta intensidad, con abastecimiento de oxígeno insuficiente. Hay dos tipos:

  * Anaeróbica **láctica**, si se acumula ácido láctico en el músculo. Ejemplo: serie de 400 metros corriendo.

  * Anaeróbica **aláctica**, cuando no se acumula dicho residuo. Ejemplo: carrera de 50 metros lisos.

 Recuerda que...

El ácido láctico es una sustancia que se forma en la sangre debido a la falta de oxígeno en los músculos al realizar un ejercicio físico de alta intensidad.

4. Velocidad

Consiste en desplazarse de un sitio a otro o mover una carga en una determinada unidad de tiempo.

Tipos:

– **Velocidad de reacción**: capacidad de responder a un determinado estímulo en una unidad de tiempo. Ejemplo: comenzar la carrera de 50 metros cuando suena la señal del examinador.

– **Velocidad de desplazamiento**: rapidez con la que se recorre una distancia. Ejemplo: carrera a 5 minutos/km.

– **Velocidad gestual**: cualidad que nos permite realizar un movimiento corporal en un determinado espacio de tiempo. Ejemplo: secuencia de golpes directos por parte de un boxeador.

5. Flexibilidad

Es la capacidad de elongación que tiene el cuerpo, en concreto los músculos y las articulaciones, sin llegar a dañarse.

Tipos:

- **Estática**: es la que se mantiene en el tiempo tras adoptar una determinada posición corporal. Ejemplo: estiramiento de cuádriceps llevando el talón al glúteo y aguantando la posición.

- **Dinámica**: consiste en la realización de rebotes llegando o pasando del rango de una articulación. Hoy en día está en desuso ya que se ha comprobado que puede producir lesiones. Ejemplo: estiramiento de los isquiotibiales de pie, a pies juntos, haciendo rebotes.

CAPÍTULO 5

Principios del entrenamiento deportivo

Índice

1. Introducción

Es conveniente tener una base teórica para comprender la planificación y organización de los contenidos de este libro. Para ello, se explicarán los nueve principios del entrenamiento deportivo.

Estos son importantes para tener éxito en el proceso del entrenamiento, evitando estancamientos, retrocesos, lesiones, etc.

2. Principio de individualidad

Cada persona asimila de forma distinta el mismo entrenamiento, ya que existen una serie de factores subjetivos:

- Herencia genética.

- Maduración de los huesos y músculos.

- Nutrición.

- Descanso y sueño.

- Nivel de condición física.

- Motivación.

3. Principio de adaptación

Es el proceso de **asimilación de la carga** de entrenamiento. Por medio de él, se producen mejoras en:

- La función del corazón, circulación y respiración.

- La fuerza y resistencia muscular.

- Los huesos, tendones y ligamentos.

4. Principio de sobrecarga

Una **carga de trabajo mayor a la que el cuerpo está acostumbrado** producirá una mejora del nivel de preparación del deportista.

Existen tres factores que influyen en el ritmo de mejora:

- Frecuencia.

- Intensidad.

- Tiempo de duración.

5. Principio de progresión

La intensidad, frecuencia y duración de los ejercicios debe **aumentarse poco a poco y de forma continua**.

Este principio también comprende la progresión de:

- Lo general... a lo específico.

- Las partes... a la totalidad.

- La cantidad... a la calidad.

6. Principio de la especificidad

Los efectos del entrenamiento serán propios y determinados según el sistema de energía, grupo muscular y tipo de movimiento de cada articulación que se trabaje.

El rendimiento mejora más cuando **el entrenamiento es especializado y concreto a la actividad**.

7. Principio de la variación

Un **programa de entrenamiento debe ser diferente** para evitar el aburrimiento y alcanzar resultados.

Deberá existir la siguiente alternancia:

Trabajo/descanso...... Intenso/ligero

No se debe trabajar con ritmo intenso todos los días de la semana. De 2 a 4 días por semana serían el máximo aconsejable. Los días de recuperación variarán entre el trabajo de ligera o moderada intensidad.

8. Principio del calentamiento y vuelta a la calma

El **calentamiento** debe preceder toda actividad intensa con el fin de:

– Aumentar la temperatura corporal.

– Incrementar el ritmo respiratorio y las pulsaciones.

A través de una **vuelta a la calma** con una ligera actividad después del trabajo intenso, se favorecerá la acción de bombeo de sangre y la renovación de los productos de desechos en la sangre (por ejemplo, la eliminación de ácido láctico acumulado).

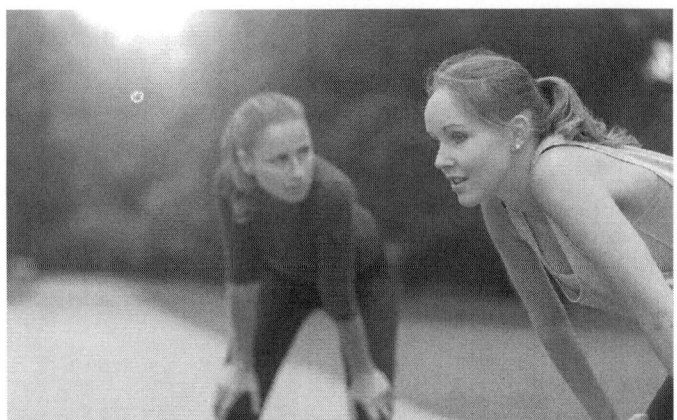

9. Principio de entrenamiento a largo plazo

No se debe acelerar el proceso de entrenamiento deportivo. Hay que respetar las etapas de maduración del cuerpo humano. El buen camino implica un programa de entrenamiento a largo plazo, sin presiones ni especialización prematura.

10. Principio de acción inversa

Los efectos positivos del entrenamiento deportivo son reversibles. La mayoría de las adaptaciones logradas se pueden perder en menos tiempo del empleado para ganarlas.

Como ejemplo, se dice que se necesita tres veces más tiempo para ganar resistencia que para perderla. La fuerza desciende más lentamente, pero el hecho de no utilizarla causará atrofia aun en los músculos mejor entrenados.

 Sabías que...

Hay estudios que confirman que la condición física disminuye a un ritmo de cerca del 10 % por semana con descanso completo en la cama.

 Recuerda que...

Los programas de entrenamiento deben diseñarse de acuerdo con los siguientes principios:

– Adaptarse a las diferencias individuales.
– El efecto de entrenamiento se establece cuando el cuerpo se ha adaptado a la sobrecarga del mismo.
– Hay que sobrecargar al deportista.
– Hay que utilizar progresiones.
– Los efectos de entrenamiento son específicos al tipo de estímulo que se utilice en las tareas.
– La adaptación se logra cuando el trabajo va seguido de descanso.
– El calentamiento y la vuelta a la calma deben ser parte del entrenamiento.
– No se debe acelerar el proceso de entrenamiento.
– Los efectos del entrenamiento son reversibles.

CAPÍTULO 6

Vías metabólicas de obtención de energía y nutrientes necesarios

1. Introducción

La energía (en forma de ATP) se puede obtener de los hidratos de carbono, de las proteínas y de las grasas. Además hay otros elementos coadyuvantes necesarios para vías de obtención de energía en nuestro organismo, como son determinados minerales (hierro, calcio, magnesio…) y vitaminas.

Existen tres vías metabólicas para la obtención de energía según el tipo de ejercicio que realicemos. Debemos saber que cualquiera que sea la actividad que se desarrolle, con la intensidad que sea, las tres vías metabólicas van a coexistir, pero en diferente proporción, predominando unas sobre otras.

2. Vía anaeróbica aláctica

Es capaz de proporcionar ATP de forma ultrarrápida. Es una vía metabólica en la cual el ATP ya está formado, y simplemente se tiene que realizar hidrólisis para obtener la energía.

No precisa de oxígeno (es una vía anaeróbica) ni de ningún sustrato energético (el ATP ya está formado).

Esta vía de obtención de energía predomina casi en exclusiva en esfuerzos de elevada intensidad (explosivos) y de corta duración. Por ejemplo: una carrera de 100 metros lisos, donde se necesita mucha energía, y de forma muy rápida.

Esta vía es muy limitada en cuanto a disponibilidad, ya que los "depósitos" se agotan, por lo que solo es útil para este tipo de ejercicios intensos y de corta duración.

Sprint

3. Vía anaeróbica láctica

En este caso, tampoco se precisa de oxígeno para producir ATP (es también una vía anaeróbica).

En cuanto a la velocidad de producción del ATP, es bastante rápida aunque no tanto como la vía anterior, en la que el ATP ya estaba formado.

Es cuantitativamente pobre en cuanto a producción de ATP, ya que por cada mol de sustrato (1 glucosa), se obtiene escasa cantidad de ATP. El sustrato necesario en este caso para la producción de ATP es la GLUCOSA.

En esta vía, como su propio nombre indica, se produce ácido láctico, que puede llevar a fatiga periférica o fatiga muscular.

Esta vía se emplearía en el caso de ejercicios que requieran de **esfuerzos de elevada intensidad**. El sustrato energético fundamental es la glucosa, y esta vía supone más del 50 % de la producción de ATP en este tipo de ejercicios que van a producir fatiga.

4. Vía aeróbica

En esta vía de obtención de energía se produce gran cantidad de ATP, por lo que cuantitativamente es muy importante. Pero ese ATP se produce de forma lenta, por lo que cualitativamente es pobre.

Precisa además necesariamente oxígeno (aeróbica) para la producción de ATP.

En este caso, se puede utilizar cualquier sustrato energético, no solo hidratos de carbono (glucosa), sino también grasas (en forma de ácidos grasos libres) y proteínas (en forma de aminoácidos).

Caminar

Esta vía para la producción de energía predomina en el caso de esfuerzos que se toleran bien, realizados durante un tiempo prolongado, sin generar fatiga (**esfuerzos por debajo del umbral anaeróbico**). Puede utilizar como ya se ha dicho, tanto hidratos de carbono, como grasas, como proteínas. Aunque se debe saber que fundamentalmente utiliza grasas. Un ejemplo claro es andar.

Como norma general podemos clasificar los sustratos para la producción de energía por orden de importancia:

1.º Hidratos de carbono.

2.º Grasas.

3.º Proteínas.

CAPÍTULO 7

Músculos implicados en la ejecución de las pruebas físicas

1. Introducción

A continuación se explicará la acción muscular que se realiza en las cuatro pruebas físicas.

El cuerpo está formado por un conjunto de huesos, músculos y articulaciones.

La columna vertebral sirve de sostén y nexo de unión entre el tren superior y el inferior. A través de ella, la cabeza, las extremidades superiores (brazos) y las inferiores (piernas) se unen con el tronco y conforman todo el conjunto de huesos.

Dichas extremidades están enlazadas por articulaciones, que a su vez se sostienen por medio de tendones y ligamentos.

Para mover todo el conjunto de huesos existen los músculos y, por medio de ellos, se puede realizar acciones como andar, correr, saltar, empujar, etc.

A continuación, se analizarán las principales partes del cuerpo humano que ayudarán a la realización de las cuatro pruebas físicas del proceso de selección para el ingreso en la Guardia Civil.

2. Potencia de tren superior (extensiones de brazos)

Es una prueba que evalúa la fuerza extensora de los brazos. Los principales músculos implicados son el pectoral y el tríceps.

En menor medida, también participa el deltoides anterior.

Asimismo, los abdominales y lumbares trabajan para mantener una buena posición corporal.

Extensiones de brazo

3. Circuito de agilidad

Dado que es un ejercicio de carrera esquivando obstáculos, actúan casi todas las partes del cuerpo.

A la hora de desplazarse trabajan los cuádriceps, isquiotibiales y gemelos.

Los aductores se encargan de frenar en cada cono y valla, haciendo que el cuerpo cambie la dirección hacia el siguiente obstáculo.

Para pasar por debajo de la valla se utilizan los músculos extensores del tronco, pectoral y tríceps.

La zona central del cuerpo, abdominales y lumbares, interviene a la hora de saltar o pasar cada valla. Asimismo, también intervienen los cuádriceps, psoas ilíaco, isquiotibiales y gemelos.

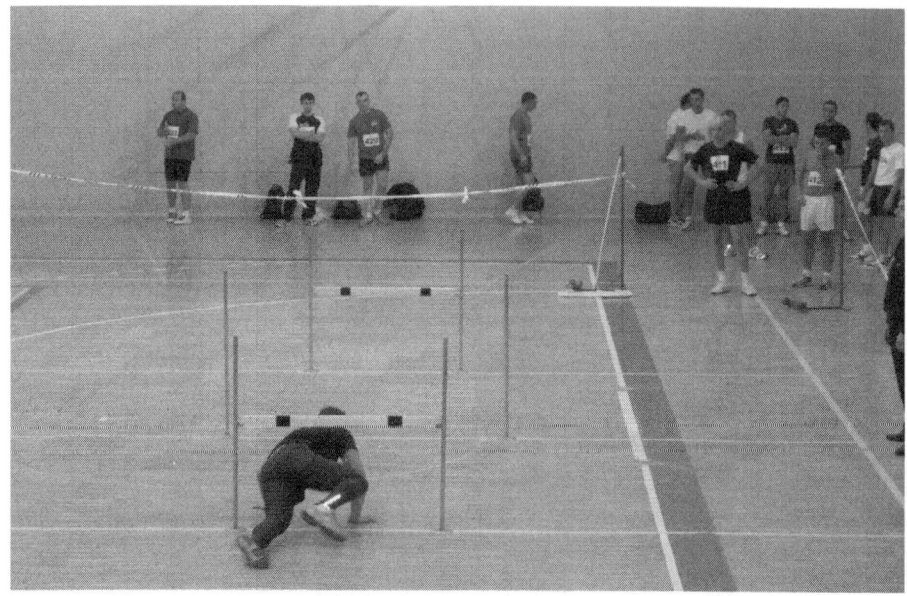

Circuito de agilidad

4. Resistencia 2000 metros

Esta es una prueba de resistencia muscular y de resistencia aeróbica.

A grandes rasgos, los músculos que intervienen en el buen desarrollo de esta prueba son los siguientes:

– Principales: cuádriceps, isquiotibiales y gemelos.

– Secundarios: psoas ilíaco y glúteo.

El corazón tiene un gran protagonismo ya que debe bombear la suficiente sangre para que los músculos implicados puedan ejercer los movimientos pertinentes.

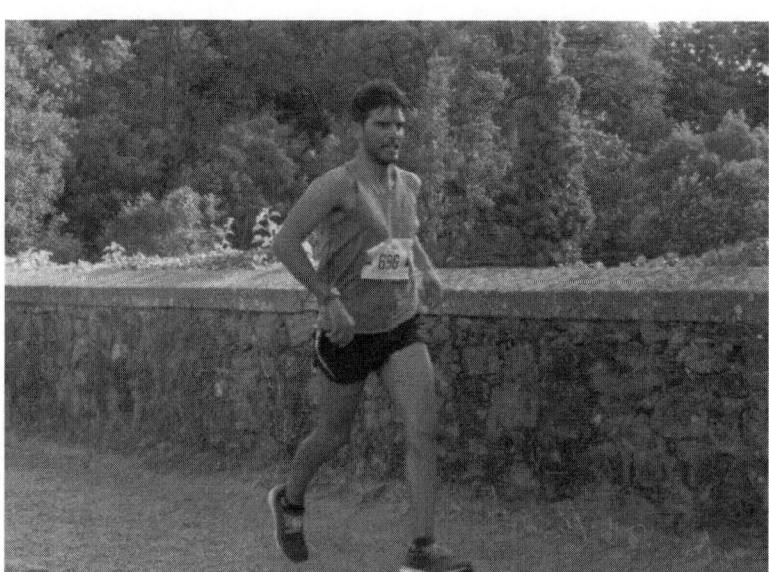

Carrera de resistencia

5. Soltura acuática 50 metros

En el medio acuático el desplazamiento se realiza con la ayuda de todo el cuerpo. Por ello se dice que la natación es uno de los deportes más completos. No obstante, hay músculos más importantes que otros.

En esta prueba el estilo a utilizar es libre, siendo más común el llamado crol, ya que es el más rápido. Los músculos del tren superior tienen una función propulsora y la musculatura del tren inferior más bien estabilizadora, es decir, ayudan a mantener una buena posición hidrodinámica para un eficiente deslizamiento (horizontal y paralela a la superficie). Las piernas ayudan en el desplazamiento, pero más bien poco.

Los músculos que intervienen en la ejecución de esta prueba son estos:

– Principales: dorsal ancho, pectoral, tríceps, bíceps, deltoides anterior y posterior.

– Secundarios: abdominales, lumbares, cuádriceps, isquiotibiales, gemelos, psoas ilíaco y glúteo.

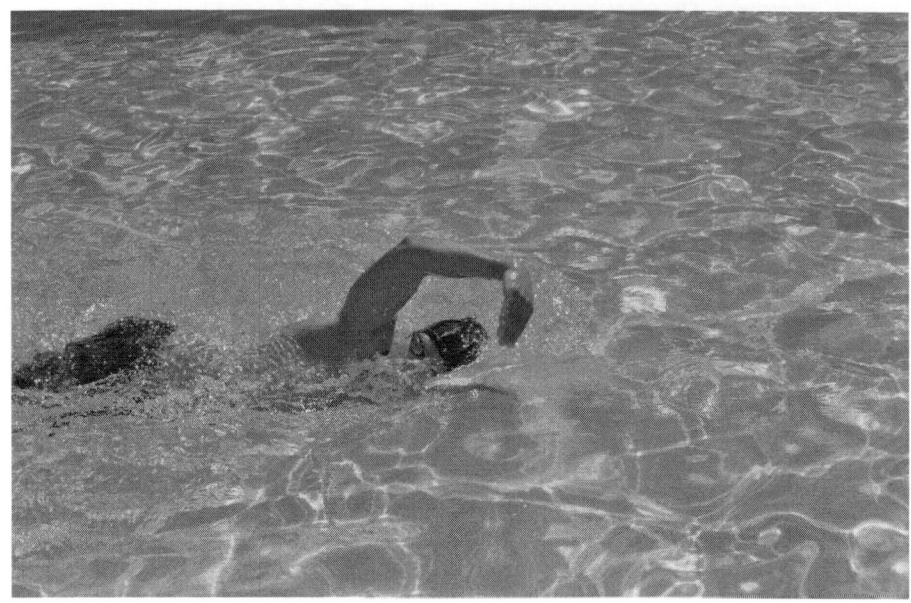

Prueba en el medio acuático

CAPÍTULO 8

Test de valoración anatómica

1. Índice de Masa Corporal (IMC)

El IMC es el índice de masa corporal y **relaciona el peso y la altura** mediante la siguiente fórmula:

IMC= peso (kg)/altura² (m)

Del resultado de esta división salen los siguientes resultados e interpretaciones:

<16.00: Infrapeso, delgadez severa.

16.00 - 16.99: Infrapeso, delgadez moderada.

17.00 - 18.49: Infrapeso, delgadez aceptable.

18.50 - 24.99: Peso normal.

25.00 - 29.99: Sobrepeso.

30.00 - 34.99: Obesidad grado I.

35.00 - 40.00: Obesidad grado II.

>40.00: Obesidad grado II (mórbida).

En el **reconocimiento médico** del proceso de selección para el ingreso a Guardia Civil se exige estar entre los **valores 18 y 28**. Encontrarse fuera de estas cifras será una causa de exclusión del aspirante (a pesar de que este peso estuviese basado principalmente en masa muscular).

Recuerda que...

La densidad de la masa muscular es mayor que la de la masa grasa. Por lo tanto, aunque se pierda mucha grasa, si se gana músculo, el peso corporal puede seguir siendo el mismo o incluso mayor que antes.

Un **IMC bajo** se debe a la desnutrición y el cuerpo no obtiene la cantidad suficiente de nutrientes y energía que necesita. Esto puede ocasionar problemas como:

- anemia,
- desequilibrios hormonales,
- poca densidad ósea promoviendo la aparición de osteoporosis,
- bajas defensas en el sistema inmunológico,
- problemas cardíacos…

Asimismo, pueden aparecer diversos síntomas como el déficit de energía, problemas para conciliar el sueño, frecuentes enfermedades, estreñimiento, dolor de pecho y palpitaciones cardíacas.

Un **IMC alto** puede derivar en los siguientes problemas:

- Enfermedades coronarias.
- Infarto cerebral.
- Alteración de los niveles de los lípidos (por ejemplo, triglicéridos y colesterol LDL alto, colesterol HDL bajo, etc.).

- Trastorno respiratorio produciendo apnea del sueño.

- Cáncer de colon, de mama y de endometrio.

- Tensión arterial alta.

- Diabetes mellitus (tipo II o no insulinodependiente).

- Artrosis.

2. Índice Cintura-Cadera (ICC)

Para evitar el error de fijarse solo en la báscula, se deben realizar mediciones de **perímetros corporales** significativos de **cintura y cadera** (para más información, se podrían medir el pectoral, brazo y la pierna). De esta forma, se obtienen más datos a la hora de controlar la morfología corporal.

Las mediciones se pueden realizar con una cinta métrica (de costurera o de carpintero). Hay que rodear todo el contorno de la zona, con el fin de saber el perímetro corporal. Una vez obtenido los valores de la cintura y de la cadera, se deben usar en la siguiente fórmula:

ICC= cm de cintura / cm de cadera

– ICC = 0,71-0,84 normal para mujeres.

– ICC = 0,78-0,94 normal para hombres.

Valores mayores: síndrome androide (cuerpo de manzana). Suele darse en hombres con exceso de peso y un gran acúmulo de grasa en la zona abdominal. También aparece en esa zona en mujeres con menopausia.

Valores menores: síndrome ginecoide (cuerpo de pera). Suele darse en mujeres con exceso de peso y un gran acúmulo de grasa en la zona de las caderas y glúteos.

Ambos resultados fuera de valores conllevan un riesgo similar al producido por tener un IMC alto.

3. Somatotipo

 Recuerda que...

Como se comentaba en el capítulo 3, el somatipo es un sistema diseñado para clasificar el tipo corporal o físico. Es utilizado para estimar la forma corporal y su composición. Se utiliza como instrumento en las evaluaciones de la aptitud física en función de la edad y el sexo.

Para tener una idea del somatotipo que tiene cada sujeto, Thibadeau hace la siguiente clasificación:

– **Ectomorfo**: huesos pequeños, delgado, cuerpo longilíneo, baja masa muscular.

– **Endomorfo**: huesos grandes, excesiva grasa, moderada a gran masa muscular.

– **Mesomorfo**: gran masa muscular, baja a moderada grasa, huesos grandes.

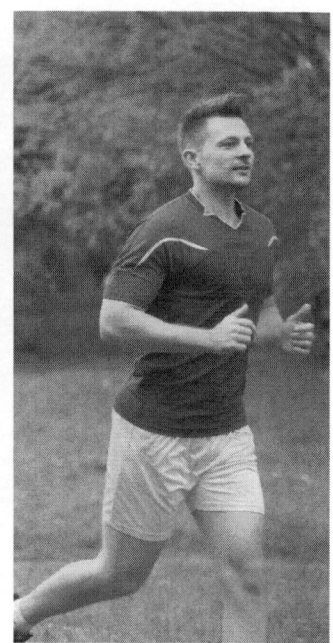

Para saber el **tipo de constitución** que tiene cada opositor, existe la siguiente prueba: rodear la muñeca izquierda con los dedos pulgar e índice de la mano derecha. En función del resultado, se obtendrá el tipo de constitución ósea:

– Normal: las puntas de los dedos se tocan.

– Gruesa: las puntas de los dedos no se tocan.

– Fina: los dedos se tocan y además se pueden montar uno sobre el otro.

Constitución gruesa: huesos anchos

CAPÍTULO 9

Test inicial antes de comenzar la preparación

1. Introducción

Es importante una primera **autoevaluación** de cara a saber el punto de partida del opositor. Así, en función de los resultados obtenidos en cada una de las cuatro pruebas físicas, el opositor podrá elegir el programa más adecuado. Cada aspirante al ingreso a la Guardia Civil tiene un nivel diferente. No importa cuál sea, con esfuerzo y dedicación se consigue mejorar el resultado inicial. Habrá opositores que destacarán más en unas pruebas que en otras, pero todas son mejorables.

A continuación, se explicará cómo **realizar de forma fiable y segura** cada una de las cuatro pruebas.

Para la realización del test inicial le proponemos este orden, pero el día de las pruebas físicas oficiales el orden lo determinará el Tribunal de Selección.

2. Primera prueba: potencia de tren superior (extensiones de brazos)

Es una prueba que evalúa la **fuerza extensora de los miembros superiores**, principalmente pectoral y tríceps; en menor medida, interviene el deltoides anterior.

También será importante tener un buen tono muscular en los músculos abdominales y lumbares, con el fin de lograr mantener una buena postura corporal a la hora de realizar las repeticiones. Si la zona central del cuerpo está tonificada, será de gran ayuda a la hora de mantener el cuerpo alineado. Esto es importante para que el examinador contabilice cada una de las repeticiones.

Se trata de una serie de contracciones isotónicas en las que hay una fase concéntrica (subida) en la que los músculos se acortan, y otra fase excéntrica (bajada), en la que estos se estiran.

Para realizar el test se necesitará una superficie lisa en la que se apoyarán las manos y la punta de los pies.

Las extensiones de brazo se realizan en el suelo, con apoyo de manos y pies.

La prueba comenzará cuando el examinador dé la señal, una vez compruebe que el opositor está preparado en la posición inicial: decúbito prono, es decir, tumbado boca abajo con los brazos flexionados y las palmas de las manos apoyadas en el suelo. Para que cada flexión sea correcta, la fase de subida se hará sin arquear el cuerpo y extendiendo completamente los brazos. En la fase de bajada **se deberá tocar el suelo con la barbilla**.

Sabías que...

En algunas convocatorias se pone una almohadilla de no más de 6 centímetros de grosor, con lo que reduce un poco el recorrido a la hora de tocar con la barbilla, haciendo un poco más fácil el ejercicio. No obstante, las extensiones de brazo deberían entrenarse siempre con el máximo recorrido y tocar el suelo con el mentón.

Por lo general, las repeticiones serán contadas en voz alta. Cada vez que una repetición no sea correcta, puede que el examinador repita el número de la anterior flexión, significando ello que la actual ha sido nula.

Está permitido hacer un descanso durante la realización de esta prueba, siempre en posición de tierra inclinada hacia adelante, con los brazos extendidos y perpendiculares al suelo, sin llegar a tocarlo con otra parte del cuerpo que no sea las manos o la punta de los pies.

Extensiones de brazos

Motivos por los cuales **no serán contabilizadas** las extensiones de brazos en suelo:

– No tocar el suelo (o la almohadilla en caso de existir) con la barbilla en la fase negativa (bajada).

– No extender los brazos en la fase positiva (subida).

– Arquear la zona lumbar.

– Elevar la pelvis por medio de una flexión de cadera, teniendo la zona de los glúteos más alta que el resto del cuerpo.

– Flexionar el cuello con el fin de contactar antes con el suelo.

Causa eliminatoria: flexión de cadera

Causa eliminatoria: no hacer la extensión completa de brazos

La **distancia entre manos** no viene determinada en las bases de la convocatoria pero los examinadores ponen unas marcas en el suelo el día de la prueba. La distancia suele ser de unos 60 centímetros. Respecto a esto, hay que tener en cuenta lo siguiente:

- a mayor separación, menor recorrido. Con este apoyo habrá más implicación del pectoral y menos del tríceps,

- a menor separación entre manos, mayor recorrido. Así disminuye algo la implicación del pectoral y aumenta la del tríceps.

El opositor dispone de dos intentos en esta prueba, teniendo una pausa entre cada uno de ellos, si no supera la marca en el primero.

 Vídeo recomendado

- **Flexiones normales**: http://youtu.be/o1uEOySgqel

25. PECTORAL · Flexiones normales

 Recuerda que...

Para que sean contabilizadas el total de extensiones, éstas se deberán hacer con una buena técnica:

- Se debe evitar hacer movimientos incompletos. Hay que procurar flexionar los brazos lo suficiente como para tocar con la barbilla en el suelo.

- Al subir, se debe extender por completo los brazos a nivel del codo.

- El cuerpo debe mantenerse bien alineado, como si se tratase de una tabla (cabeza, tronco y piernas en el mismo plano), sin arqueamientos cervicales, dorsales ni lumbares.

3. Segunda prueba: circuito de agilidad

Es una prueba que evalúa la flexibilidad, la coordinación, la agilidad, la velocidad de reacción y la de desplazamiento. Para tener un buen resultado en su realización, no solo es necesario ser veloz sino también habrá que tener cierta habilidad para girar, frenar, agacharse, saltar, etc.

Para la construcción del circuito, bastará con ocho picas de madera o plástico, seis conos y cuatro bridas. Otra opción es usar ocho palos de escoba, seis botellas grandes llenas de arena o tierra y cuatro cuerdas pequeñas.

Hay muchas formas de preparar el circuito de agilidad. Lo importante es que cumpla las medidas que aparecen en la base de la convocatoria (ver imagen página 16 del presente libro). Más adelante, en el capítulo 16, se explica la técnica adecuada para llevar a cabo de forma segura el circuito de agilidad.

Circuito "casero"

Esta es la **única prueba** en la que se permiten **dos intentos** pero solo si el candidato derriba algún banderín o valla, o bien se equivoca en el recorrido. Debemos ajustar el recorrido para realizar los menores metros posibles pero sin correr el riesgo de derribo. Hay que tener en cuenta que los objetos que delimitan el recorrido tienen una superficie de apoyo pequeña y cualquier contacto podrá producir un derribo del material del circuito de agilidad. La mayoría de opositores arriesgan en el primer intento y, si hacen nulo, van a asegurar en la segunda oportunidad.

Desarrollo de la prueba oficial de circuito

 Sabías que...

Los velocistas utilizan grandes cargas para potenciar los músculos de su cuerpo. Para tener una gran capacidad de velocidad gestual es fundamental tener una musculatura potente y explosiva, por ello se trabaja con ejercicios pliométricos.

 Vídeo recomendado

- **Test de Circuito de Agilidad**:

  https://www.youtube.com/watch?v=acog17YSs
  oo&feature=youtu.be

4. Tercera prueba: resistencia 2000 metros

Consiste en una prueba que evalúa la **resistencia aeróbica y anaeróbica** por medio de una carrera a pie de cinco vueltas a una pista de atletismo (medida oficial: 400 metros).

Debido al tiempo que puede durar la carrera de 2000 metros, los suministros de energía suelen ser ATP, fosfocreatina, glucógeno muscular y hepático. Intervienen en menor medida las grasas ya que no es una carrera de larga duración. Como hay un gran consumo de oxígeno (VO_2) y una acumulación de dióxido de carbono (CO_2), dado el elevado ritmo de carrera, aparecerá una sustancia limitante en el rendimiento llamada ácido láctico.

A diferencia de anteriores convocatorias, la distancia es el doble, ya que antes eran 1000 metros los que había que recorrer. Por tanto, la velocidad de carrera debe ser moderada, con el fin de poder acabar el recorrido.

Con el fin de **entrenar el factor psicológico** de dar vueltas en un mismo recorrido, en vez de correr en línea recta variando el paisaje, es importante realizar el test de la misma forma.

Puede llevarse a cabo en una pista de atletismo o en otra zona. Lo importante es que la vuelta mida 400 metros aproximadamente. Hay parques con distancias ya medidas. También se puede calcular la distancia mediante un programa informático en una foto satélite de internet, a ser posible con forma ovalada (mejor que completamente redonda) ya que la pista donde se realizarán las pruebas físicas oficiales tiene esta forma de elipse.

Como hemos dicho anteriormente, es preferible entrenar la carrera por tierra o hierba para **evitar lesiones por sobrecarga** y que los impactos sobre el suelo no tengan tanta repercusión sobre las articulaciones de cadera, rodilla y tobillo. Una excepción puede ser el día que se realice el test, que será preferible que se haga sobre cemento, como el día de la prueba oficial.

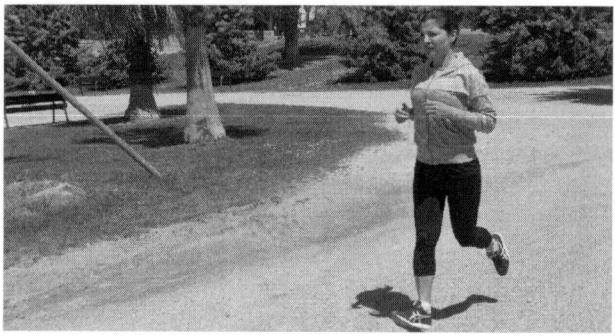

Entrenamiento de carrera en terreno blando (tierra de un parque)

Para la mejora de esta prueba se emplean ejercicios de musculación de todo el cuerpo, incluido el tronco (abdominales, lumbares, flexiones, etc.).

Sabías que...

Un récord que llevaba años sin batirse en maratón se superó por el uso de ejercicios de musculación y pesas. Para la mejora de la carrera es importante el trabajo muscular y no solo aeróbico.

Examen de carrera de 2000 metros

Para tener una referencia inicial, hay que finalizar la carrera completando el recorrido. De lo contrario, no se podría obtener el tiempo total que se ha tardado en recorrer esos 2000 metros. Parece muy obvio pero personas que no están acostumbradas a correr, no son capaces de realizar esa distancia si han empezado con un ritmo demasiado alto. Si es necesario, se puede reducir el ritmo y caminar, no llegando a pararse nunca. Una vez recuperado, se podrá aumentar la marcha andada hasta alcanzar la modalidad de carrera para conseguir llegar al final.

Una buena información del ritmo de carrera implicaría apuntar los tiempos al pasar por la marca de los 400, 800, 1200 y 1600 metros. De esta forma, se tendrían varias referencias para regular el ritmo al correr, no cansarse antes de tiempo ni, por el contrario, acabar la carrera sin haber usado todo el potencial aeróbico y anaeróbico.

Hay que saber analizar qué es lo más conveniente. Se puede empezar con un ritmo moderado y, progresivamente, ir aumentándolo; también se puede comenzar con ritmo alto y aguantar como bien se pueda. Esta última opción no es aconsejable si no se ha realizado un buen calentamiento ya que, de lo contrario, pueden aparecer efectos adversos como tirones, flatos, hiperventilación causada por no adaptarse a la subida de pulsaciones repentina, etc.

Al correr con más opositores, la forma fiable de **controlar el ritmo de los parciales** es mediante un reloj con cronómetro para comprobar los parciales que se van realizando. Esto servirá para no ir demasiado rápido si hay alguien que marca un ritmo de carrera demasiado elevado, o bien para no ir demasiado despacio si el ritmo de carrera general es más lento que el del aspirante en sí.

La salida se da con un pistoletazo electrónico y el grupo puede ser de unos 10-15 de corredores. Es conveniente correr por la calle 1 para no realizar más de 400 metros por vuelta, ya que las otras calles tienen algunos metros más y, de esta forma, se realizaría más de 2000 metros en total.

Cronómetro

 Recuerda que...

Es imprescindible acabar el recorrido de 2000 metros para tener una referencia inicial con este test. Por lo tanto, debe comenzarse con una velocidad moderada.

5. Cuarta prueba: soltura acuática 50 metros

Esta prueba mide la **capacidad de adaptación al medio acuático**. El ser humano no está familiarizado con la vida en el agua y, consiguientemente, con el desplazamiento en ella. No obstante, la natación es uno de los deportes más completos ya que trabaja gran cantidad de músculos del cuerpo y quizá el más saludable ya que no tiene impacto alguno. Otros ejercicios aeróbicos o cardiovasculares movilizan principalmente el tren inferior, es decir, las piernas. En cambio, con la natación se mueven los brazos y las piernas.

Sabías que...

El cuerpo humano pesa 10 veces menos en el agua, por lo que el impacto del deporte de la natación es mínimo. Ejemplo, en un adulto de 70 kilos, las articulaciones de cadera, rodilla, tobillo, etc. soportan una carga de tan solo 7 kilogramos.

Por su corta distancia, mide **la velocidad de reacción, de desplazamiento y la aceleración**. Sobre todo, va a determinar la resistencia anaeróbica láctica que tiene el opositor ya que hay una acumulación de ácido láctico (sustancia residual creada en la sangre por un déficit del suministro de oxígeno, limitando el rendimiento).

Los sistemas de energía utilizados son ATP muscular, fosfocreatina, glucógeno muscular.

El **estilo** a utilizar es **libre**. Generalmente, se elige crol dado que es el más rápido de todos (boca abajo con movimiento alternativo de brazos y piernas).

Natación de 50 metros

Para la ejecución de esta prueba se puede utilizar una piscina de 25 ó de 50 metros. La medida de la piscina del día de las pruebas físicas va a depender de la época del año en la que se realizan los exámenes. En verano se suele utilizar el vaso exterior de 25 metros y en las otras estaciones se suele desarrollar en la piscina interior de 50 metros.

Aunque la distancia a nadar es corta, cada opositor tiene que ser consciente de sus posibilidades y controlar el ritmo de nado. Hay que dosificar fuerzas y es importante una buena estrategia de nado. Habrá aspirantes a los que les convenga salir nadando a un ritmo alto y luego mantener el ritmo. Por otro lado, habrá opositores que elegirán una estrategia más conservadora y empezarán con una velocidad moderada e irán aumentándola posteriormente.

Para tener una referencia inicial, se debe realizar la prueba de natación con la ayuda de un compañero que dé la **salida** al aspirante **de forma sonora** (silbato). El día de las pruebas oficiales se da la señal de salida con una pistola electrónica. En la meta habrá examinadores que detendrán el cronómetro cuando los opositores toquen la pared de su calle.

5.1. Comienzo de la prueba

La posición inicial en la prueba de natación es de pie en el borde de la piscina. Conviene realizar un **salto de cabeza** y un posterior deslizamiento por debajo del agua. De esta forma, se gana tiempo y se ahorra energías ya que hay una fase de buceo, en la que es importante adquirir una buena posición hidrodinámica estirando bien los brazos en prolongación del cuerpo, escondiendo la cabeza entre los mismos. La posición de los pies puede ser con uno adelantado y otro atrasado, o bien los dos a la misma altura. Una vez situados, se debe realizar el salto flexionando las piernas entre 70 y 90 grados, como si se hiciese un salto horizontal en tierra.

Salto desde el bordillo con los pies a la misma altura

Salto desde el bordillo con un pie adelantado y otro atrasado

A la hora de la entrada al agua, el cuerpo debe estar alineado y con un ángulo de unos 45 grados respecto a la horizontal. Si la entrada tiene mayor inclinación, el opositor caerá en picado hacia el fondo de la piscina y tardará en subir a la superficie para continuar con el nado. Si por el contrario, el cuerpo va más plano y paralelo a la superficie, la entrada al agua no tiene apenas deslizamiento y se corre el riesgo de contactar con el agua en una superficie demasiado amplia, golpeándose el opositor en el abdomen y piernas (vulgarmente se conoce como planchazo).

Entrada al agua con el cuerpo no alineado

Entrada al agua con el cuerpo alineado

Una vez realizada la entrada en el agua, el cuerpo debe deslizarse por debajo de la misma pocos metros y subir a la superficie cuanto antes. Para ello se pueden utilizar 3-4 patadas de crol o un par de batidos de delfín (patadas cortas con las piernas juntas).

Batido de delfín

5.2. Desarrollo de la prueba

Cuando el cuerpo esté en la superficie, se deben realizar las primeras brazadas. Como ya se ha dicho, el estilo más rápido es el crol. El nadador tendrá ya un
déficit de oxígeno, por lo que debe realizar su primera respiración. Es conveniente sacar la cabeza lateralmente para coger aire, haciendo un rolido de hombros
que provoca un giro en el eje longitudinal del cuerpo. Si la inspiración se hiciese
frontalmente, mirando hacia adelante, los hombros y pecho ascenderían y las
piernas perderían la posición horizontal y paralela al agua (hidrodinámica).

El oxígeno se debe coger por la boca al sacar la cabeza fuera del agua (inspiración). Antes de ello, se debe soltar el dióxido de carbono (aire ya utilizado) por
la nariz y/o boca dentro del agua (espiración). Hay que buscar un equilibrio entre la distancia a recorrer y el número de respiraciones por brazadas. Opositores
con baja condición física necesitarán respirar cada menos brazadas (por ejemplo,
cada 2). Por otro lado, los aspirantes que están más en forma necesitarán menos suministro de oxígeno durante la prueba y sacarán la cabeza para respirar
cada 3-4 brazadas. El hecho de sacar la cabeza lateralmente para respirar cambia
un poco la posición hidrodinámica del cuerpo y hace que se frene un poco en
cuanto al avance. No obstante, no conviene restringir el suministro de oxígeno
por favorecer la posición de deslizamiento. Para nadar rápido se necesita tener
oxígeno en los pulmones.

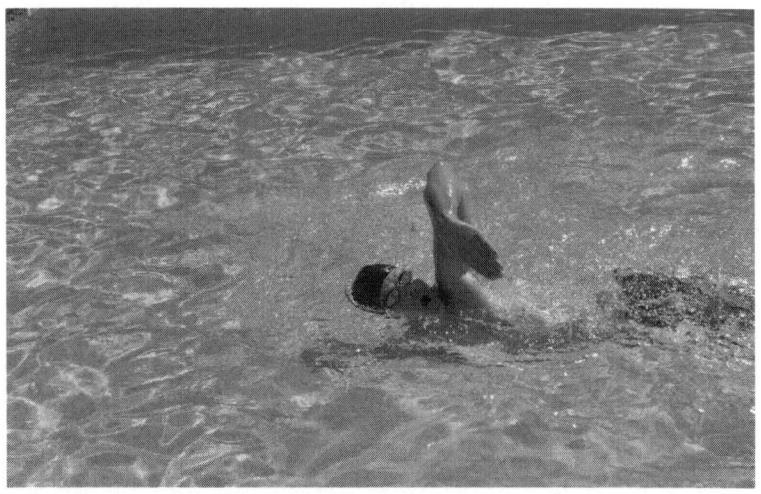

Respiración lateral en el estilo de crol

Esta prueba consiste en nadar 50 metros. Dependiendo de la época en la que se lleven a cabo las pruebas físicas oficiales. Si es temporada de invierno, la piscina será de 25 metros. Por el contrario, si es en verano, el vaso medirá 50 metros. La diferencia del desarrollo de la prueba con una medida de piscina u otra reside en el hecho de tener que hacer un giro al acabar los 25 primeros metros o no. Este giro se llama viraje y puede hacerse por medio de una voltereta y posterior apoyo de pies en la pared para impulsarse. O bien puede realizarse sin voltereta, apoyando los pies directamente. En el primer caso se gana más tiempo, aunque es algo más exigente a nivel aeróbico. Una vez realizado cualquiera de los dos virajes, debe haber un deslizamiento en la misma posición hidrodinámica con la que se entra en el agua y se encadena con brazadas de crol una vez que se alcance la superficie. En ninguno de los dos casos, a la hora de cambiar de sentido, se debe tocar el bordillo de la piscina. Los batidos de pierna estilo delfín o mariposa son de gran ayuda, tanto para avanzar como para que el cuerpo llegue a la superficie para poder hacer brazadas.

Contacto con la pared y giro en el eje longitudinal
(sin hacer la voltereta)

5.3. Llegada a la meta

Al final de los 50 metros estarán los examinadores para comprobar que los nadadores completan la distancia tocando un pulsador en la pared.

Llegada al final de los 50 metros, tocando la pared

Causas eliminatorias:

- Apoyar los pies en el fondo de la piscina.

- Asirse a la pared o a las corcheras para descansar.

- Una vez acabado el primer largo, no tocar la pared con la mano.

- Realizar dos salidas nulas.

Causa eliminatoria: asirse a la corchera para descansar

CAPÍTULO 10

Interpretación de los test: nivel de condición inicial

Lo primero a tener en cuenta es el estado de forma física actual. Para ello, el opositor deberá realizar un test inicial de las cuatro pruebas físicas.

 Recuerda que...

Se deberán superar todas y cada una de las cuatro pruebas físicas para conseguir aprobar esta fase de la oposición. Es suficiente con obtener la marca solicitada ya que no puntúa más el hecho de conseguir resultados más altos que los pedidos. No obstante, para que el opositor vaya tranquilo al examen, es aconsejable llevar bien preparadas todas las pruebas, habiendo obtenido marcas por encima de las solicitadas.

El test inicial es importante para que el usuario conozca su **estado físico de partida** y saber cómo adaptar los entrenamientos a ese nivel. Para evitar resultados indeseados, se recomienda elegir exactamente el entrenamiento correspondiente a dicho nivel. El hecho de elegir un nivel mayor no implica una mayor mejora, sino todo lo contrario. Puede llegar a haber un gran riesgo de lesión y, si esto sucede, conllevará un retroceso en el estado de la forma física hasta el momento.

Cada aspirante tendrá que **entrenar en base a sus marcas obtenidas en primera instancia** e irá mejorando para llegar con una buena puesta a punto al día de las pruebas físicas oficiales.

En esta oposición se tiene en cuenta la edad de la persona aspirante. Por ello, se hace una diferenciación en los resultados del test de cada prueba física, en función de los años cumplidos el día del examen.

HOMBRES Menores de 35 años					
Prueba \ Marca	Nivel muy bajo	Nivel bajo	Nivel medio	Nivel alto	Nivel muy alto
Flexiones	0-2	3-7	8-11	12-15	16 o más
Circuito	más de 19,43"	17,63" - 19,43"	15,82" - 17,62"	14,01" - 15,81"	14" o menos
Carrera 2000 m.	más de 10'28"	10'08" - 10'28"	9'47" - 10'07"	9'26" - 9'46"	9'25" o menos
Natación 50 m.	más de 88"	83" - 88"	77" - 82"	71" - 76"	70" o menos

HOMBRES Iguales o mayores de 35 años y menores de 40 años					
Marca / Prueba	Nivel muy bajo	Nivel bajo	Nivel medio	Nivel alto	Nivel muy alto
Flexiones	0-2	3-7	8-11	11-15	16 o más
Circuito	más de 20,73"	18,93"- 20,73"	16,12"- 18,92"	14,41"- 16,11"	14,40" o menos
Carrera 2000 m.	más de 10'51"	10'31"- 10'51"	10'10"- 10'30"	9'49"- 10'09"	9'48" o menos
Natación 50 m.	más de 89"	84"- 89"	78"- 83"	72"- 77"	71" o menos

HOMBRES Iguales o mayores de 40 años					
Marca / Prueba	Nivel muy bajo	Nivel bajo	Nivel medio	Nivel alto	Nivel muy alto
Flexiones	0-2	3-5	6 - 9	10 - 13	14 o más
Circuito	más de 21,23"	19,43"- 21,23"	17,62"- 19,42"	15,11"- 17,61"	15,10" o menos
Carrera 2000 m.	más de 11'36"	11'16"- 11'36"	10'55"- 11'15"	10'34"- 10'54"	10'33" o menos
Natación 50 m.	más de 91"	86"- 91"	80"- 85"	74"- 79"	73" o menos

MUJERES Menores de 35 años					
Marca / Prueba	Nivel muy bajo	Nivel bajo	Nivel medio	Nivel alto	Nivel muy alto
Flexiones	0 - 1	2 - 4	5 - 7	8 - 10	11 o más
Circuito	más de 20,43"	18,63"- 20,43"	17,82"- 18,62"	16,01"- 17,81"	16" o menos
Carrera 2000 m.	más de 13'17"	12'47"- 13'17"	11'46"- 12'16"	11'15"- 11'45"	11'14" o menos
Natación 50 m.	más de 99"	94"- 99"	88"- 93"	82"- 87"	81" o menos

MUJERES Iguales o mayores de 35 años y menores de 40 años					
Marca / Prueba	Nivel muy bajo	Nivel bajo	Nivel medio	Nivel alto	Nivel muy alto
Flexiones	0 - 1	2 - 4	5 - 7	8 - 10	11 o más
Circuito	más de 20,73"	18,93"- 20,73"	17,12"- 18,92"	16,41"- 17,11"	16,40" o menos
Carrera 2000 m.	más de 13'08"	12'38"- 13'08"	12'07"- 12'37"	11'36"- 12'06"	11'35" o menos
Natación 50 m.	más de 101"	96"- 101"	90"- 95"	84"- 89"	83" o menos

MUJERES Iguales o mayores de 40 años					
Marca / Prueba	Nivel muy bajo	Nivel bajo	Nivel medio	Nivel alto	Nivel muy alto
Flexiones	0 - 1	2 - 3	4 - 5	6 - 8	9 o más
Circuito	más de 22,73"	20,93"- 22,73"	19,12"- 20,92"	17,91"- 19,11"	17" o menos
Carrera 2000 m.	más de 14'22"	13'52"- 14'22"	13'21"- 13'51"	12'50"- 13'20"	12'49" o menos
Natación 50 m.	más de 106"	101"- 106"	95"- 100"	89"- 94"	88" o menos

Nivel de forma física, relacionando la prueba realizada y el resultado obtenido

Ejemplo: opositora de 42 años con los siguientes resultados en el test inicial:

– Flexiones: 3 (nivel bajo).

– Circuito: 23,15 segundos (nivel muy bajo).

– Carrera 2000 metros: 12 minutos 58 segundos (nivel alto).

– Natación 50 metros: 98 segundos (nivel medio).

Tras saber el nivel en cada una de las pruebas, el opositor podrá **elegir la carga de los entrenamientos** en los programas que se incluyen en el presente libro. Ejemplo: un entrenamiento de carrera para un opositor de 36 años que ha obtenido 11 minutos 10 segundos en un test de 2000 metros (nivel muy bajo), será distinto de otro entrenamiento de un opositor de esa edad con una marca de 10 minutos 30 segundos (nivel medio). El primero necesitará caminar a ritmo medio para aguantar el tiempo indicado (p. ej. 50 minutos) y el segundo podrá realizar ese mismo tiempo corriendo a ritmo alto.

Es conveniente que cada uno elija el entrenamiento según su nivel. De lo contrario, si se rigiese por un nivel mayor, podría lesionarse. Si el nivel de entrenamiento elegido fuese menor que el que le corresponde, no mejoraría o incluso podría empeorar su rendimiento actual. Con esta guía se podrá avanzar de forma segura y afianzando los resultados.

CAPÍTULO 11

Nutrición y suplementos deportivos

Índice

1. Los grupos y tipos de alimentos

Es un hecho más que demostrado el que la alimentación de un deportista va a influir mucho en su **rendimiento deportivo**. Si se suministran los nutrientes necesarios para el buen funcionamiento del organismo, las posibilidades de éxito se multiplican. Por ello es muy importante consumir una **dieta sana y equilibrada**. De lo contrario, el entrenamiento no causará el mismo efecto.

Dulces, bollería, snacks: consumo ocasional

Actividad física: 30 minutos al día

Bebidas alcohólicas: con moderación

Aceites y grasas: con moderación

Carne, pescado, aves y huevos: consumo semanal

Lácteos: consumo diario

Verduras y frutas: consumo diario

Féculas: consumo diario

Agua: a voluntad, un mínimo de 2 litros al día

Para realizar una correcta alimentación conviene conocer qué tipo de alimentos existen y de dónde provienen.

La conocida "pirámide de los alimentos" los clasifica en siete grupos:

– **Grupo I.** Dulces y snacks. Alimentos energéticos. En ellos predominan los lípidos.

– **Grupo II.** Mantecas y aceites. Alimentos energéticos. En ellos predominan los lípidos.

- **Grupo III.** Carnes pescados y huevos. Alimentos plásticos. En ellos predominan las proteínas.

- **Grupo IV.** Leche y derivados. Son alimentos plásticos. En ellos predominan las proteínas.

- **Grupo V.** Verduras y frutas. Alimentos reguladores. En ellos predominan las vitaminas y minerales.

- **Grupo VI.** Legumbres, hortalizas, frutos secos y patatas. Alimentos energéticos, plásticos y reguladores. En ellos predominan los glúcidos pero también poseen cantidades importantes de proteínas, vitaminas y minerales.

- **Grupo VII.** Féculas y cereales. Alimentos energéticos. En ellos predominan los glúcidos.

Clasificación de los alimentos

A) Según su origen

- Los de origen vegetal: verduras, frutas, cereales.

- Los de origen animal: carnes, leche, huevos.

- Los de origen mineral: aguas y sales minerales.

Cada uno de estos alimentos proporciona a nuestro organismo sustancias que son indispensables para su funcionamiento y desarrollo.

Estas sustancias son:

- Los hidratos de carbono (pan, harinas, azúcares, pastas), de alto valor energético.

- Las proteínas (carnes, huevos, lácteos, legumbres) necesarios para el crecimiento y formación de los tejidos.

- Los lípidos (grasas y aceites) productores de energía.

- Aguas y sales minerales en proporciones variables para el equilibrio de las funciones del organismo.

- Las vitaminas, sustancias químicas complejas, en cantidades mínimas, pero indispensables para el buen estado del organismo.

B) Según su descripción

- Alimentos lácteos (leche, caseína, crema, manteca, queso).

- Alimentos cárnicos y relacionados (carne, huevos).

- Alimentos farináceos (cereales, harinas).

- Alimentos vegetales (hortalizas, y frutas).

- Alimentos azucarados (azúcares, miel).

- Alimentos grasos (aceites alimenticios, grasa alimenticias, margarina).

- Bebidas (bebidas alcohólicas, o sin alcohol, jarabes, jugos vegetales, bebidas fermentadas, vinos y productos afines, licores).

- Productos estimulantes y fruitivos (cacao y chocolate, café y sucedáneos, té, hierba mate).

- Correctivos y coadyuvantes (especias o condimentos vegetales, hongos comestibles, levaduras, fermentos y derivados, sal y sales compuestas, salsas, aderezos o aliños, vinagres).

Una buena alimentación debe ser equilibrada y completa, es decir deben estar presentes todos los grupos mencionados y cubrir todas las necesidades del individuo.

2. Necesidades nutricionales para la práctica deportiva

Una alimentación adecuada es una gran ayuda para los deportistas. En el caso de los que se preparan para unas pruebas físicas de una oposición, tiene un objetivo: ayudarles a mejorar sus marcas. Para los aficionados que practican deporte con la idea de mejorar su salud o su figura o por pasatiempo, el objetivo de una alimentación adecuada es satisfacer las necesidades nutritivas, evitando tanto las carencias como los excesos. Así pues, en consecuencia, es importante que todos los deportistas lleven una alimentación adecuada, más aún si son opositores.

- **Energía**. Las necesidades nutricionales dependen de la edad, peso, estilo de vida, estado de salud, y sobre todo, del tipo de actividad física. La dieta debe ser equilibrada para conseguir un óptimo rendimiento deportivo. La ingesta energética debe cubrir el gasto calórico y permitir al deportista mantener su peso corporal ideal.

- **Hidratos de carbono**. La ingesta óptima de carbohidratos en los oposito-res al cuerpo de la Guardia Civil debe estar en un 50-60 % del total de las calorías ingeridas, en proporción del 10 % los hidratos de carbono simples o de asimilación rápida (dulces, azúcar…) y el porcentaje restante para los hidratos de carbono complejos o de asimilación lenta (cereales y deriva-dos, patatas, verduras…). En general, los deportistas deberían consumir una dieta alta en carbohidratos para mantener en niveles óptimos la dis-ponibilidad de glucógeno muscular durante períodos de entrenamiento y competición, teniendo así una mayor resistencia deportiva.

- **Proteínas**. Se recomienda que las proteínas impliquen el 10-15 % de la cantidad de energía necesaria diaria. Suele darse el caso de que el depor-tista, ansioso de mejorar su desarrollo muscular, exagere la ingesta de pro-teínas. No obstante, las necesidades no superan los 2 g de proteínas por kg de peso y día (excepto en deportes de fuerza que pueden llegar hasta 3 gramos). Estos requerimientos son cubiertos por la ingesta razonable de carne, huevos, pescado y productos lácteos. Un exceso de proteínas en la alimentación puede ocasionar una acumulación de desechos tóxicos y otros efectos perjudiciales para la buena forma del deportista.

- **Lípidos o grasas**. Las recomendaciones de grasas para deportistas son 30-35 % de las calorías totales diarias. Tanto un aporte en exceso como en déficit de grasa pueden conllevar efectos negativos para el organismo. Si el contenido de lípidos de la dieta fuese reducido, existiría el riesgo de sufrir deficiencias en vitaminas liposolubles y ácidos grasos esenciales. Si por el contrario la dieta contuviese un exceso de grasa, el rendimiento físico es menor y el deportista sería propenso a una serie de alteraciones como la obesidad, problemas digestivos y cardiovasculares.

- **Agua**. En condiciones normales, necesitamos sobre dos o tres litros de agua diarios para mantener el equilibrio hídrico. En el caso de un esfuerzo físico importante y/o condiciones altas de temperatura y humedad, las ne-cesidades de agua aumentan, pudiendo perderse hasta más de dos litros por hora. Un alto desequilibrio hídrico puede mermar nuestro rendimiento físico e incluso llegar a causar daños irreversibles por deshidratación. Es aconsejable beber antes, durante y después del ejercicio físico, sobre todo en los deportes de larga duración.

- **Minerales**. Las necesidades de calcio aumentan en mujeres con una gran actividad deportiva, en las que suele producirse amenorrea (ausencia de la menstruación). Dicho incremento del consumo de este mineral servirá para compensar sus bajos niveles de estrógenos y su menor poder de ab-sorción intestinal de calcio. Con este efecto, se recomienda una alimentación rica en productos lácteos (leche, queso, yogur…). Las necesidades de hierro son mayores en personas que practican habitualmente deporte que en personas sedentarias. Esto se debe a que sus pérdidas son superiores y a que tienen unos niveles mayores de hemoglobina en sangre. Además, las mujeres deberán compensar las pérdidas que se produzcan a través de la menstruación. Por lo tanto, mujeres deportistas deberán aumentar el consumo de alimentos ricos en hierro (legumbres, carne, huevos…).

– **Vitaminas**. La capacidad física disminuye cuando hay una carencia de vitaminas. En función de este hecho se ha extendido el pensamiento de que un suplemento vitamínico puede incrementar el rendimiento en una práctica deportiva. Sin embargo, los estudios realizados no corroboran que una adición de vitaminas mejore el rendimiento físico.

Un aporte suplementario de vitaminas solo puede ejercer un efecto beneficioso en el rendimiento de las personas que tengan un déficit vitamínico, y hasta que se eleven sus valores a la normalidad. Pero una persona alimentada de forma equilibrada no tendrá dicha carencia.

 Sabías que...

Un gramo de hidratos de carbono y de proteínas son 4 kilocalorías. Sin embargo, un gramo de grasas son 9 kcal.

Por lo tanto, se llegará rápidamente al 30-35 % de calorías recomendadas con poca cantidad de alimentos ricos en lípidos.

3. Reparto diario de comidas

El reparto del total energético en el transcurso del día es extremadamente importante para una buena utilización de todos los nutrientes ingeridos.

El número de comidas diarias debería ser cinco, tanto para mantener nuestro peso como para reducirlo o aumentarlo. A igual proporción, a un mayor número de comidas corresponde un rendimiento mejor, se evitan así las fatigas digestivas y los accesos de hipoglucemia. Además, mantendremos en constante funcionamiento nuestro organismo y nuestra tasa metabólica basal será elevada (es lo que quemamos en reposo con las funciones vitales básicas, como la respiración, la digestión...).

En la comida anterior al entrenamiento, es importante ingerir alimentos ricos en hidratos de carbono complejos. Esta deberá ser realizada 1 hora y media antes de la práctica deportiva.

A medida que vaya avanzando el día, es aconsejable que disminuyamos el consumo de hidratos de carbono y grasas y que aumentemos la ingesta de proteínas. A este efecto, la cena deberá contener una mayor proporción de proteínas, tanto vegetales como animales.

Una buena distribución de la energía consistiría en efectuar cinco comidas diarias.

- Desayuno: 15-25 %

- Almuerzo media mañana: 10-15 %

- Comida mediodía: 25-35 %

- Merienda media tarde: 10-15 %

- Cena: 15-20 %

Un estado nutricional óptimo no se alcanza mediante las comidas previas a la competición, ni siquiera con las ingestas de las anteriores a la prueba. Un buen estado de nutrición es el resultado de unos hábitos alimentarios practicados adecuadamente y durante mucho tiempo, con regularidad, no una cuestión de unas pocas comidas. No obstante, para personas que siguen una correcta alimentación, sí influye que los tres días anteriores a la prueba hagan una "supercompensación" de hidratos de carbono complejos (aumento del consumo de los carbohidratos complejos o de lenta asimilación, con el fin de reponer los depósitos de glucógeno muscular).

 Recuerda que...

La alimentación va a ayudar considerablemente al logro de resultados deportivos y a la mejora de las marcas en las pruebas de la oposición al cuerpo de la Guardia Civil.

4. Pautas nutricionales

Habrá opositores que necesiten adelgazar para estar más ligeros a la hora de realizar las pruebas físicas. A otros, en cambio, les vendrá bien ganar un poco de peso corporal y masa muscular para tener la suficiente fuerza y energía para lograr el éxito. Quienes ya tienen un peso adecuado, pueden **formar masa muscular y perder grasa corporal** para que su cuerpo sea más eficiente.

A continuación se citan unas pautas y dietas tipo para los diferentes casos de opositores. Se tomará como referencia un hombre adulto de 70 kg de peso corporal.

A) Caso 1: opositor que necesita reducir su peso

El hecho de que un aspirante a la Guardia Civil tenga exceso de peso no es conveniente porque será más lento y menos ágil a la hora de realizar las pruebas físicas.

Las recomendaciones para este tipo de opositor son:

- Debe procurar que no pasen más de 3 horas entre una comida y otra. Así logrará hacer 5-6 comidas diarias y mantener en constante funcionamiento su metabolismo. Cuando se suministran alimentos al organismo cada mucho tiempo (periodos de muchas horas sin comer), este los acumula en forma de grasa como mecanismo de defensa para "sobrevivir" sin alimento mientras tanto.

  Otra ventaja de hacer un mayor número de comidas es que, con cada digestión, el cuerpo "quema" calorías.

- Si alguna vez siente mucha hambre antes de hacer una comida, deberá tomar una manzana acompañada de dos vasos de agua con el fin de saciar el exceso de apetito. Esto provocará saciedad y evitará la ansiedad, comer demasiado rápido y atiborrarse de alimentos.

- Debe evitar consumir hidratos de carbono (pasta, arroz, pan, patata…) en las horas previas a acostarse, ya que estos se acumulan en forma de grasa si no se queman por estar en un estado de reposo. Las dos comidas anteriores a dormir deberían estar basadas en proteínas (carne, pescado, huevos). Pueden ir acompañadas de ensalada o verdura.

- Es muy importante beber al menos 2 litros de agua diarios, sobre todo entre comidas. Al ingerir mucha proteína, el cuerpo necesita agua para filtrarla. Cuando se tome algo fuera de casa, se debe elegir bebidas bajas en calorías y sin gas: té sin azúcar, zumo natural recién exprimido o alguna bebida isotónica.

- Debido a la consiguiente retención de líquidos, deberá reducirse la ingesta diaria de sal y de alimentos que la contengan en exceso (cubitos de caldo de carne o pescado, mostaza, patatas fritas, frutos secos, bacalao salado, salsa de soja, galletas saladas, anchoas en aceite…).

- Los dulces están prohibidos (bollería, chocolate, azúcar refinado, chucherías, pasteles, tartas, etc.).

- Evitar el pan en las comidas principales.

- Cocinar al horno, al vapor, cocido, a la parrilla y la plancha con el mínimo aceite y siempre de oliva (echando una cucharadita en la sartén y restregándolo con una servilleta).

- Es aconsejable comer 4-5 raciones diarias de frutas y verduras.

- Es preferible usar sacarina en vez de azúcar.

- No utilizar salsas ni aceite para aderezar la comida; solo limón, una pizca de sal y vinagre (no crema balsámica).

- Se recomienda tomar una infusión después de la comida y cena (té, cola de caballo, diente de león...). Tienen propiedades digestivas y diuréticas.

- Se puede hacer una comida que no sea de dieta a la semana, pero en cantidad moderada.

- Para conseguir aún más resultados, se recomienda el uso de algún suplemento como un quemador de grasa, l-carnitina...

- Es muy importante ingerir una comida extra que sea rica en proteína justo después de entrenar. La razón es que el cuerpo está en fase de catabolismo y tiene mayor facilidad de asimilación de nutrientes y repara los músculos favoreciendo la recuperación entre entrenamientos (puede ser un suplemento de batido de proteína o el equivalente en alimentos). Para dicha ingesta, se recomienda que no pase más de media hora tras finalizar el entrenamiento.

	Lunes	Martes	Miércoles	Jueves	Viernes	Sábado	Domingo
Desayuno	Leche con cereales	Zumo natural y tostada jamón	Leche con cereales	Zumo natural y tostada jamón	Leche con cereales	Zumo natural y tostada jamón	Leche con cereales
Almuerzo	Sandwich pavo y 2 frutas	Sandwich pavo y 2 frutas	Sandwich pavo y 2 frutas	Sandwich pavo y 2 frutas	Sandwich pavo y 2 frutas	Sandwich pavo y 2 frutas	Sandwich pavo y 2 frutas
Comida	Ensalada y arroz con pollo	Legumbres y pescado a la plancha	Ensalada y pasta con verduras	Legumbres y pescado cocido	Verduras y patatas con carne	Ensalada y pescado a la plancha	Verduras y pavo al horno
Merienda	Lata atún y 2 frutas	2 claras cocidas y 2 frutas	Lata atún y 2 frutas	2 claras cocidas y 2 frutas	Lata atún y 2 frutas	2 claras cocidas y 2 frutas	Lata atún y 2 frutas
Cena	Puré verduras y tortilla de 3 claras	Ensaladas y carne a la plancha	Puré de hortalizas y pescado a la plancha	Menestra verduras y tortilla de 3 claras	Ensaladilla y pollo a la plancha	Puré verduras y tortilla de 3 claras	Caldo de pollo y pescado a la plancha

Ejemplo de dieta de 2000-2200 kilocalorías para adelgazar y perder grasa dirigido a un sujeto con un mayor gasto calórico

B) Caso 2: opositor que necesita aumentar su peso

Una extrema delgadez también es perjudicial a la hora de superar con éxito las pruebas físicas ya que es conveniente tener energía y una buena masa muscular para realizar los entrenamientos.

Las recomendaciones que este tipo de opositor debe tener en cuenta son:

– Debe procurar que no transcurran más de 3 horas entre una comida y otra. Así logrará hacer 5-6 comidas diarias y evitar la fase catabólica (destrucción del músculo) y se promoverá la anabólica (creación de masa muscular) al tener un suministro de nutrientes constante.

– Debe aumentar la cantidad de calorías diarias por medio de la ingesta de hidratos de carbono compuestos (pasta, arroz, pan, patata…) y, sobre todo, de proteínas (carne, pescado, huevos, legumbres...).

– Es muy importante beber al menos 2 litros de agua diarios, sobre todo entre comidas. Al ingerir mucha proteína, el cuerpo necesita agua para filtrarla. Cuando se tome algo fuera de casa, se debe elegir bebidas bajas en calorías y sin gas: té sin azúcar, zumo natural recién exprimido o alguna bebida isotónica.

- La comida anterior a acostarse debería ser rica en proteínas y, si contiene hidratos de carbono, que sea poca cantidad ya que estos se acumulan en forma de grasa por inactividad de las posteriores horas.

- Debido a la consiguiente retención de líquidos, deberá reducirse la ingesta diaria de sal y de alimentos que la contengan en exceso (cubitos de caldo de carne o pescado, mostaza, patatas fritas, frutos secos, bacalao salado, salsa de soja, galletas saladas, anchoas en aceite…).

- Se recomienda cocinar al horno, al vapor, cocido y la plancha con el mínimo aceite (siempre de oliva).

- Se pueden comer frutos secos pero con moderación. Contienen proteínas pero también mucha grasa.

- Si se pretende ganar masa muscular libre de grasa, deben evitarse los dulces y las salsas en las comidas. Estos tipos de alimentos tapan mucho los músculos y no permiten que sean visibles.

- Coma 4-5 frutas diarias y/o verduras diarias.

- Para aderezar se puede usar un poco de aceite de oliva, una pizca de sal y vinagre (no crema balsámica).

- Se puede tomar café con moderación.

– Se pueden hacer dos comidas que no sean de dieta a la semana, pero en cantidad moderada.

– Para conseguir mayores resultados, se recomienda el uso de suplementos nutricionales como batidos de proteína y de carbohidratos, creatina...

– Es muy importante ingerir una comida extra que sea rica en proteína justo después de entrenar. La razón es que el cuerpo está en fase de catabolismo y tiene mayor facilidad de asimilación de nutrientes y repara los músculos favoreciendo la recuperación entre entrenamientos (puede ser un suplemento de batido de proteína o el equivalente en alimentos). Para dicha ingesta, se recomienda que no pase más de media hora tras finalizar el entrenamiento.

	Lunes	**Martes**	**Miércoles**	**Jueves**	**Viernes**	**Sábado**	**Domingo**
Desayuno	Tortillas de 3 claras y leche con cereales	Zumo natural, tostada jamón y 1 plátano	Tortillas de 3 claras y leche con cereales	Zumo natural, tostada jamón y 1 plátano	Tortillas de 3 claras y leche con cereales	Zumo natural, tostada jamón y 1 plátano	Tortillas de 3 claras y leche con cereales
Almuerzo	Sandwich pavo, 2 claras cocidas y 2 frutas	Sandwich pavo y 2 frutas	Sandwich pavo, 2 claras cocidas y 2 frutas	Sandwich pavo y 2 frutas	Sandwich pavo, 2 claras cocidas y 2 frutas	Sandwich pavo y 2 frutas	Sandwich pavo, 2 claras cocidas y 2 frutas
Comida	Ensalada y arroz con pollo	Legumbres y pescado a la plancha con patatas	Ensalada y pasta con verduras y carne	Legumbres y pescado cocido con patatas	Verduras y patatas con carne	Ensalada de pasta y pescado a la plancha	Verduras y pavo al horno
Merienda	Lata atún, 2 tostadas y 2 frutas	2 claras cocidas, 2 tortitas de arroz y 2 frutas	Lata atún, 2 tostadas y 2 frutas	2 claras cocidas, 2 tortitas de arroz y 2 frutas	Lata atún, 2 tostadas y 2 frutas	2 claras cocidas, 2 tortitas de arroz y 2 frutas	Lata atún, 2 tostadas y 2 frutas
Cena	Puré verduras y pescado a la plancha	Ensaladas y ternera a la plancha	Puré de hortalizas y pescado a la plancha	Menestra verduras y tortilla de 3 claras	Ensaladilla y pollo a la plancha	Puré verduras y tortilla de 3 claras	Caldo de pollo y pescado a la plancha

Ejemplo de dieta de 2800-3000 kilocalorías para aumentar peso y masa muscular dirigida a un sujeto con un menor gasto calórico

Sabías que...

La forma de calcular cuánta agua debe beber una persona es dividiendo su peso corporal entre 30. Así pues, un sujeto de 75 kilogramos deberá beber 2,5 litros de agua al día.

5. Alimentación después del ejercicio físico

La alimentación que tiene lugar tras un entrenamiento o después de una competición tiene tanta importancia como la que se lleva a cabo antes del mismo. Si la alimentación tras el ejercicio no es la adecuada, ni se ingieren los líquidos perdidos, el deportista no se va a recuperar adecuadamente o va a necesitar un mayor periodo de tiempo para conseguir estar a punto, por lo que en el entrenamiento o la competición siguiente no va a obtener el rendimiento deseado.

Es importante tomar alimentos ricos en hidratos de carbono como pan, patatas, pasta, arroz, fruta... durante los 15 minutos siguientes a un entrenamiento o competición, así como a las 2 y a las 4 horas de haber finalizado el ejercicio, de modo que los músculos puedan recuperar el glucógeno perdido. Pero en una dieta de recuperación también es importante no olvidar las proteínas, ya que algunas pueden hacer que la recuperación del glucógeno durante las primeras horas después de la competición sea más rápida. Un buen modo de ingerir alimentos proteicos es combinándolos con los ricos en hidratos de carbono obteniendo así platos tan variados como bocadillos de jamón o pavo, cereales con leche, carne o pescado con patatas...

Pero además es importante tener en cuenta que con el sudor se pierden también electrolitos como potasio y sodio por lo que es importante recuperarlos mediante la dieta. Son alimentos ricos en potasio y compatibles con una dieta de recuperación, las patatas, el plátano o los zumos de frutas, mientras que el sodio está presente en alimentos como el queso, el pan o las galletas saladas.

Después de hacer ejercicio deberíamos ingerir proteínas de alta calidad. Todas las actividades deportivas dañan las células musculares y cuanto más intensa sea el ejercicio, mas daños ocasionaran. Las proteínas adecuadas ayudan a las células a repararse.

Una hora y media o dos después de acabar el ejercicio es muy recomendable tomar bebidas ricas en proteínas (si es en polvo mejor) así como combinar un vaso de leche o un yogurt.

Para mantener o incrementar la masa muscular necesitas entre 1,25 y 1,50 gramos de proteína por kilo de peso (1,25 g/kg para deportes con balón y 1,50 g/kg para la musculación, maratones...).

6. La cafeína y el rendimiento

La cafeína tiene efectos positivos como estimular el sistema nervioso, aumentar la atención, la alerta y la habilidad mental.

El consumo de cafeína también tiene efectos negativos como la producción de ansiedad en algunas personas, desórdenes gastrointestinales, nerviosismo, irritabilidad, insomnio e incapacidad para concentrarse. El uso de la cafeína en los deportistas ha provocado mucha controversia, ya que los efectos negativos pueden alterar el rendimiento de los deportistas. Algunos estudios muestran que el consumo de la cafeína antes del ejercicio, puede aumentar el rendimiento del deportista, sin embargo, otros estudios muestran que la cafeína no beneficia en nada a los atletas. Debido a estos estudios, existen muchas teorías sujetas a discusión.

Conviene tener en cuenta los siguientes consejos si se va a consumir cafeína antes del ejercicio:

- La cafeína es un diurético que produce un desequilibrio hídrico. Es necesario beber líquidos extra para compensar las pérdidas.

- Un consumo de 3-6 miligramos de cafeína por kilogramo de peso corporal una hora antes del ejercicio, puede mejorar la resistencia en actividades que duran más de una hora.

- Consumir dosis de cafeína mayores a 6 miligramos por kilogramo de peso corporal puede producir los citados efectos negativos.

Nunca se debe probar el consumo de cafeína por primera vez antes de una competición. Los efectos psicológicos varían dependiendo de la persona y depende de la dosis, de la frecuencia con que se ingiera cafeína, de los niveles de ansiedad de cada individuo y de la composición corporal.

La cafeína está totalmente contraindicada en personas con cistitis y en las que padezcan enfermedades del corazón.

CAPÍTULO 12

Hidratación del deportista

Índice

1. Introducción

El agua es el principal componente del cuerpo, en la proporción de un 60-70 %. La calidad de los tejidos, su funcionamiento y su resistencia a enfermedades dependen de la calidad y cantidad del agua bebida. Hay muchos órganos humanos compuestos de agua:

- los huesos tienen un 25 % de agua,

- los músculos un 75 %,

- el cerebro un 76 %,

- la sangre un 82 %,

- los pulmones un 90 %...

Esto demuestra que el primer y el más esencial nutriente es el **agua**. Simple y ordinaria.

Excepto que, y es una gran excepción, esta agua necesita estar limpia, pura, y libre de contaminantes. En nuestro mundo moderno, la mejor opción de agua pura y limpia es el agua destilada a base de vapor. El cuerpo está compuesto de casi 75 % de agua, necesitamos por lo menos 8-10 vasos de agua por día para reaprovisionar el agua perdida a través de excreción y transpiración. La sangre es conocida como el líquido de la vida. El agua también es conocida como el líquido de la vida. Agua pura constituye la pureza y la salubridad de la sangre.

No hay duda de que lo que un deportista come y bebe puede afectar a su salud, a su peso y composición corporal, a la disponibilidad de sustratos durante el ejercicio, al tiempo de recuperación tras el ejercicio y, por último, a la realización del propio ejercicio.

El deportista que quiere optimizar sus resultados necesita seguir una buena nutrición e hidratación, usar suplementos y ayudas ergogénicas con cuidado, minimizar las grandes pérdidas de peso, así como comer cantidades adecuadas de diferentes alimentos. Este trabajo se centra en el análisis de uno de estos aspectos que pretenden mejorar el rendimiento de nuestros deportistas: **la hidratación.**

Dado que esta revisión trata acerca de la hidratación, es inevitable empezar hablando del agua, componente más abundante del organismo humano (aproximadamente un 65 % de nuestro cuerpo es agua), de ahí que se considere al ser humano, al igual que a cualquier otro organismo vivo, como una solución acuosa contenida dentro de su propia superficie corporal, o mar interno comunicado por multitud de fluidos acuosos.

El agua corporal contiene, en solución, electrolitos y otros solutos. Forma el líquido extracelular con el sodio como electrolito de mayor concentración y el intracelular con el potasio como electrolito más concentrado.

El agua es un nutriente no energético pero fundamental para que nuestro organismo se mantenga correctamente estructurado y en perfecto funcionamiento. Las diferencias en el agua corporal total entre distintos individuos se deben en gran parte a las variaciones en su composición corporal, es decir, se producen por diferencias en la relación existente entre tejido graso y tejido magro.

El músculo es agua en un 75 % de su peso, mientras que el agua supone solo un 20-25% del peso de la grasa. Así, resulta fácil comprender que los factores más importantes en cuanto a la influencia del contenido de agua corporal son el sexo, la edad y el peso.

De la misma forma que el agua es esencial para el organismo, el mantenimiento del **equilibrio hídrico** es fundamental para cualquier ser humano. Todo desequilibrio del mismo puede afectar negativamente al rendimiento físico y atentar contra la salud del organismo.

El consumo o ingesta hídrica procede principalmente de tres fuentes: bebidas, alimentos y agua metabólica resultante de las reacciones químicas que se suceden en nuestro organismo. Mediante el control del peso corporal antes y después del ejercicio, podemos intuir cuál ha sido el grado de deshidratación del sujeto.

2. Bebidas isotónicas para una correcta hidratación

La base fundamental de las bebidas de reposición está dada por la presencia de carbohidratos, vitaminas y minerales disueltos en el agua.

En la actualidad existen diferentes tipos de bebidas recuperadoras de carácter comercial, pero todas con las características antes expuestas en su constitución.

3. ¿Cómo podemos suplir estas bebidas comerciales en la base?

A continuación se exponen algunas formas de elaboración:

- Se puede utilizar un sobre de sales de hidratación oral en un litro de agua o jugo de fruta natural.

- A un litro de agua o jugo natural agregar 20 gramos de fosfato de glucosa, 3,5 gramos de cloruro de sodio (sal común), 2,5 gramos de bicarbonato de sodio, 1,5 gramos de potasio, se le puede incluir una tableta de polivitaminas y minerales.

- A un litro de agua o jugo de frutas agregar 20 gramos de glucosa, 0,3 gramos de vitamina C, 2 gramos de fosfato ácido de sodio, 2 gramos de cloruro de sodio y 2 gramos de magnesio y de potasio , puede incluir 20 miligramos de vitamina C y 0,3 gramos de vitamina B1.

Dentro de estos parámetros el entrenador o el atleta puede elaborar diferentes bebidas para la hidratación. Es importante destacar que con ellas se restituye la pérdida de agua, electrolitos y se produce la reposición calórica con los carbohidratos.

4. ¿Cuándo ingerir estos líquidos?

Resulta conveniente tomar líquido (o seguir tomándolo durante la actividad, entre 150 a 200 mililitros cada 15 a 20 minutos de ejercicios) y tras finalizar la misma y en dependencia de la intensidad y duración. La medida podría estar en la recuperación casi completa del peso corporal, menos 250 gramos, y en la recuperación fisiológica. Es importante que la ingestión se realice a pequeños sorbos ya que esta pauta acelera el vaciado gástrico.

5. Cómo hidratarse

- **Antes del ejercicio.** Tomar medio litro de líquido antes de ir a dormir la noche antes de la competición, por lo menos otro ½ litro al levantarse en la mañana para garantizar el equilibrio de líquidos en el cuerpo. Posteriormente se deberá beber de ½ litro a 1 litro aproximadamente 1 hora antes del evento y de ¼ a ½ litro 20 minutos antes.

- **Durante el ejercicio.** Los atletas deben empezar a tomar líquidos antes del ejercicio y en intervalos regulares durante el mismo, para reemplazar toda el agua que se pierde a través del sudor y lo ideal es hacerlo de 1 vaso a 2 vasos cada 15 o 20 minutos (o en cada estación durante la carrera).

  Se recomienda que los líquidos estén más fríos que la temperatura ambiente (entre 15-22 ºC) y que tengan buen sabor para incrementar el deseo de beber y promover que el reemplazo de líquidos sea suficiente.

- **Después del ejercicio.** Lo ideal es tomar líquidos ricos en azúcares (sobre todo en glucosa) ya que además de ayudar a establecer el equilibrio de líquidos en el cuerpo, los azúcares contenidos en el líquido vuelven a abastecer las reservas de carbohidratos perdidos durante la carrera de una manera rápida.

 Sabías que...

En los últimos 20 años numerosas investigaciones han reflejado los efectos beneficiosos de la nutrición durante la realización de ejercicio físico.

6. ¿Qué pasa si una persona se hidrata?

- Mantiene el volumen de líquidos y electrolitos en equilibrio.

- Retrasa la fatiga.

- Tiene un óptimo rendimiento.

- Evita síntomas como calambres, mareos, enrojecimiento de la piel, y náuseas, entre otros.

7. ¿Qué pasa si no se hidrata?

- Provocará deshidratarse y su sangre se hará cada vez más espesa, siendo más difícil el transporte de oxígeno y glucosa hacia las células.

- Se fatigará pronto.

- Su cuerpo se sobrecalentará y sudará en exceso tratando de bajar la temperatura corporal.

- Tendrá calambres, mareos, visión borrosa, náuseas y falta de coordinación.

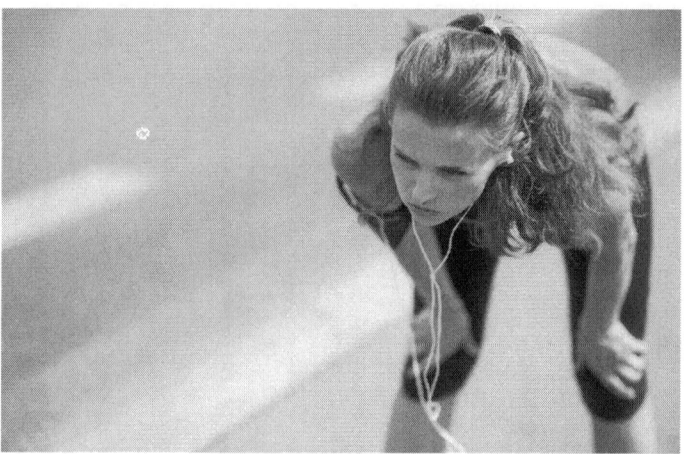

8. El agua en el organismo

Las funciones más importantes que el agua ayuda a realizar en el organismo son:

- La respiración.

- La digestión.

- La regulación de la temperatura del cuerpo.

- Es esencial para transportar nutrientes como el oxígeno y las sales minerales, en la sangre.

- Ayuda a mantener el equilibrio y la presión sanguínea.

- Regula la acidez estomacal.

- Mantiene el metabolismo.

- Ayuda a regular todas las reacciones del cuerpo.

El agua es fundamental para equilibrar las reacciones enzimáticas. El agua debe contener sodio, potasio y cloro, para que el riñón no la elimine completamente a través de la orina. El sodio, que se encuentra en el agua, es el soluto más importante para el balance hidroelectrolítico del cuerpo, fundamental para mantener el organismo en un perfecto equilibrio", explica.

El especialista recomienda consumir dos litros y medio de agua diarios, sobre todo en verano, cuando a través de la transpiración se pierde un alto porcentaje de agua. Esto es, alrededor de 1,5 ml por kilo de peso corporal al día. El cuerpo elimina diariamente dos litros y medio de agua por concepto de respiración, transpiración, orina y heces. A la vez, requiere suplir esta pérdida obteniendo agua en su forma tradicional, a través de los alimentos o del mismo organismo, de la siguiente forma:

Entrada/ Salida:

- Agua por la boca: 1,3 litros. Orina: 1,5 litros.

- Líquido en alimentos: 1 litro. Heces: 200 ml.

- Oxidación del metabolismo interno: 300 ml. Respiración: 300 ml.

- Transpiración: 600 ml.

Total: 2,6 litros. Total: 2,6 litros.

El agua, además, tonifica el organismo y es especialmente beneficiosa para los deportistas. Asimismo, ayuda al cuerpo a utilizar los depósitos de grasa para convertirlos en energía y para eliminarlos mediante la orina.

En cuanto a su efecto estético, el agua ayuda a hidratar piel y músculos. Así, un cuerpo bien hidratado y tonificado por el agua se refleja en una piel tersa y en un tejido muscular más firme y elástico.

9. Componente esencial

El total de líquido del que se compone el cuerpo está distribuido de la siguiente forma:

- Células: 55 %.

- Líquido intersticial (rodea las células): 20 %.

- Tejido conjuntivo, piel y músculos: 7,5 %.

- Plasma: 7 %.

- Líquido transcelular: 2,5 %.

- Otros: 8 %.

Una persona puede pasar alrededor de cinco semanas sin recibir proteínas, carbohidratos y grasas, pero no puede sobrevivir más de cinco días sin beber agua.

10. Resumen

Es fundamental **mantener la hidratación antes, durante y después** de la práctica de **ejercicio físico**. Es extremadamente importante para la regulación de la temperatura, la función cardiovascular y el rendimiento físico. Para que nuestro organismo funcione correctamente es esencial mantenerlo con la proporción de agua que le corresponde. Las **necesidades de agua** varían en función de la edad y peso. Se supone un requerimiento promedio de 1 ml/kcal; es decir, entre **2 y 2,5 litros de agua al día**.

Estas necesidades pueden verse incrementadas con el ejercicio físico. **Aumenta la temperatura corporal y el cuerpo necesita refrigerarse** y lo hace aumentado la secreción de sudor y, en consecuencia, se pierde agua corporal. Si no se hace nada para compensar dicha pérdida, el cuerpo se irá deshidratando poco a poco a medida que avanza el ejercicio.

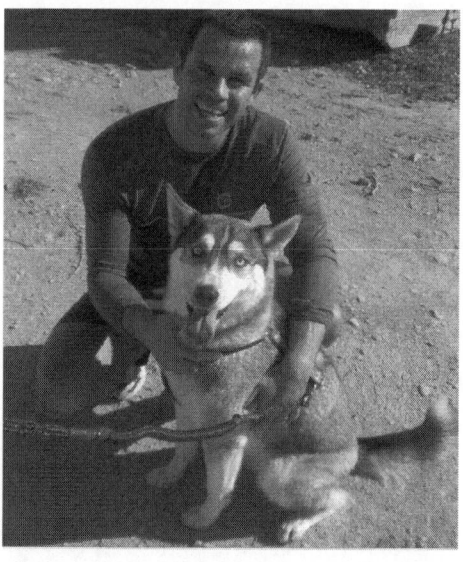

Sudoración debida al ejercicio físico

Si esperamos a tener sed para empezar a beber, habremos perdido aproximadamente el 2 % del peso corporal en agua, que se traduce en una disminución del 20 % del rendimiento deportivo. Si el ejercicio se realiza, además, en unas condiciones serias de calor y/o humedad, las pérdidas de líquido corporal se incrementan.

Los primeros **síntomas de deshidratación** que pueden aparecer son: fatiga, mareos y disminución del rendimiento.

El objetivo de la reposición de líquidos es que tanto circulación como sudoración se mantengan en niveles óptimos, garantizando así un rendimiento deportivo óptimo sin problemas de salud. La mejor forma de hidratarse es beber poco a poco a intervalos regulares para poder reemplazar toda el agua que se pierde a través del sudor. Por tanto, es importante no solo beber antes y después del ejercicio físico, sino también durante. Mientras se realiza ejercicio podemos o bien beber agua, o una bebida isotónica.

No obstante, como en todo, excederse en la hidratación tampoco es conveniente por riesgo de sufrir hiponatremia, un trastorno que se produce cuando las concentraciones de sodio en sangre bajan de forma anormal para el buen funcionamiento del sistema nervioso.

CAPÍTULO 13

Lesiones deportivas: cómo evitarlas

Índice

1. Introducción

La **lesión deportiva** se define como un accidente traumático o estado patológico producido como consecuencia de la práctica de cualquier deporte.

2. Tipos

– **Agudas**: producidas repentinamente por un hecho traumático.

– **Crónicas**: tienen un inicio lento y sin síntomas aparentes, agravándose progresivamente.

Lesión aguda: esguince de tobillo

3. Causas de las lesiones deportivas

Las principales causas son:

– Falta de conocimientos básicos del deporte.

– Falta de entrenamiento físico, técnico, táctico y psíquico.

– Descompensación corporal.

– Escaso dominio de la técnica.

– No ser consciente de las propias limitaciones.

– Deshidratación.

- Mala higiene (por ejemplo, las caries pueden derivar en roturas fibrilares).

- Excesiva fatiga o sobreentrenamiento.

- Alimentación incorrecta.

- Calentamiento nulo, escaso o mal realizado.

- Vuelta a la práctica de un deportista no repuesto totalmente de una lesión.

4. Fases de la lesión deportiva

Los programas de rehabilitación de una lesión deportiva deben estar basados en la siguiente estructura del proceso de curación.

4.1. Fase inflamatoria aguda

Sus características son enrojecimiento de la zona lesionada, calor, tumefacción, hinchazón, dolor y a veces puede haber impotencia funcional.

Se debe aislar del resto del cuerpo la zona dañada para que los glóbulos blancos reparen las células lesionadas.

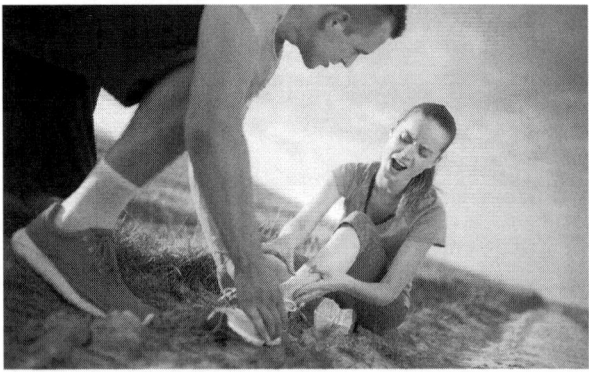

4.2. Fase inflamatoria crónica

El proceso de inflamación aguda no elimina al agente causante de la lesión y se implican reparadores de mayor eficacia.

4.3. Fase de curación, cicatrización o reparación

Duración: 2-6 semanas.

En esta fase el deportista todavía puede mostrar sensibilidad al tacto y se quejará en situaciones que tenga que movilizar la estructura lesionada. A medida que el proceso de cicatrización va avanzando, el dolor irá desapareciendo.

4.4. Fase de maduración

Es la fase de mayor duración. Se produce una reorganización de las fibras de colágeno que forman el tejido de cicatrización y se van a formar unas líneas paralelas a las líneas de tensión del tejido. Para ello es importante un cierto esfuerzo con el cual producir un aumento de la fuerza a través de ejercicios de rehabilitación.

Por norma general, en la tercera semana se habrá formado una cicatriz fuerte y resistente. Sin embargo, para la curación completa de la lesión pueden pasar varios años.

5. Factores que influyen en la curación

Fundamentalmente son los siguientes:

- Extensión de la lesión.

- Edema.

- Hemorragia.

- Suministro vascular deficiente.

- Infección.

- Salud, edad y nutrición.

6. Prevención de la lesión deportiva

6.1. Consideraciones sobre el entorno

Para prevenir lesiones deportivas es conveniente tener en cuenta los siguientes aspectos sobre el entorno:

– **Instalaciones deportivas**: tipo de superficie. Por ejemplo, hay terrenos más reactivos y no absorben los impactos producidos al correr o saltar.

– **Material deportivo**: regulación del sillín de la bicicleta, uso de protectores, acolchado de materiales…

– **Calzado**: es la parte más importante de la vestimenta porque durante el ejercicio se ejerce una fuerza varias veces mayor que el peso corporal, la cual es absorbida por el calzado, el pie y la pierna. Por lo tanto, el calzado (e incluso la plantilla) evitan lesiones por sobrecarga. Hay que prestar especial atención a deportistas con alguna anomalía en la pisada (pie plano, pie cavo, pronador, supinador...). Un estudio de la pisada y una buena plantilla pueden prevenir muchas lesiones como periostitis, tendinitis, fascitis plantar, etc.

6.2. Consideraciones sobre el deportista

El opositor debe tener en cuenta estos aspectos para evitar las lesiones en los entrenamientos:

– **Preparación física**: dinámica de cargas (intensidad, volumen y frecuencia), periodización en 3 estadios.

– **Nutrición**: aprovechamiento de recursos energéticos, con la consiguiente mejor y más rápida recuperación.

- **Calentamiento**: progresivo, individual, específico y direccional.

- **Estiramientos**: los objetivos son reducir la tensión muscular generada con el deporte, aumentar la extensión de los movimientos, relajar después del esfuerzo, prevenir tirones musculares, facilitar la oxigenación del músculo y así mejorar su recuperación.

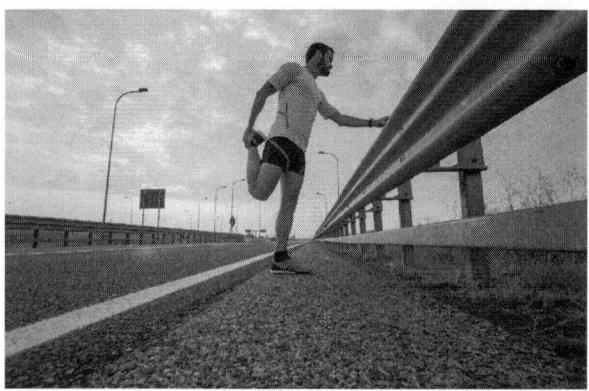

6.3. Reconocimiento médico previo

El reconocimiento previo es muy útil para:

- Detectar enfermedades que puedan limitar la participación.

- Detectar enfermedades que puedan predisponer a sufrir una lesión.

- Habilitar los requisitos legales y de aseguración.

6.4. Psicología de la lesión deportiva

La **reacción a la lesión** en los deportistas suele seguir 5 fases:

1. Negación.

2. Cólera.

3. Negociación.

4. Depresión.

5. Aceptación y reorganización.

Son signos de una **mala adaptación** a la lesión:

- Sentimientos de furia y confusión.

- Obsesión con la idea de cuándo va a volver a competir.

- Negación (quitar importancia a la lesión).

- Vuelta a la actividad demasiado pronto, con el consiguiente riesgo de re- caídas.

- Alardes exagerados de sus logros en la rehabilitación.

- Insistencia en quejas sobre cuestiones físicas sin importancia.

- Culpa por haber defraudado al equipo.

- Alejamiento de personas significativas.

- Cambios repentinos en el estado de ánimo.

- Afirmaciones de que nunca va a recuperarse.

CAPÍTULO 14

Planificación del calendario de entrenamientos

1. Introducción

No hay un tiempo ideal para la preparación de las pruebas físicas. El tiempo adecuado va a depender del estado de la forma física inicial del opositor.

Se partirá de una planificación anual como la de un curso lectivo: 10 meses. Es tiempo suficiente, incluso para opositores con un nivel muy bajo. **Lo más importante será la dedicación, el esfuerzo y la constancia**.

No obstante, se podrá adaptar en el caso de disponer de menos tiempo. La duración total será variable, así como la de los **cuatro periodos** de los que se compone siempre (estos serán explicados en un apartado posterior).

2. Planificación a falta de 10 meses para las pruebas físicas oficiales

Propongo la siguiente:

– Periodo preparatorio general: 4 meses (desde el primer mes hasta el cuarto).

– Periodo preparatorio específico: 2 meses (desde el quinto mes hasta el sexto).

– Periodo competitivo general: 2 meses (desde el séptimo mes hasta el octavo).

– Periodo competitivo específico: 2 meses (desde el noveno mes hasta el décimo).

En dichos periodos se ve cómo los parámetros de la carga (volumen e intensidad) varían a lo largo del tiempo restante hasta el día de las pruebas oficiales. El usuario no necesita calcular nada. Los gráficos son solo explicativos, esto ya va incluido en los propios programas de entrenamiento del presente libro. De esta forma, el opositor alcanzará el pico máximo de forma física el día de las pruebas, con el fin de superar con éxito el examen.

Para el correcto análisis de los siguientes gráficos, se recomienda volver a leer las definiciones de carga, intensidad y volumen.

Planificación para 10 meses

Los opositores que no dispongan de estos 10 meses podrán seguir las siguientes planificaciones.

3. Planificación a falta de 9 meses para las pruebas físicas oficiales

Será la siguiente:

– Periodo preparatorio general: 3 meses (desde el primer mes hasta el tercero).

– Periodo preparatorio específico: 2 meses (el cuarto y quinto mes).

– Periodo competitivo general: 2 meses (el sexto y séptimo mes).

– Periodo competitivo específico: 2 meses (el octavo y noveno mes).

Planificación para 9 meses

4. Planificación a falta de 8 meses para las pruebas físicas oficiales

Los tiempos se distribuirán de esta forma:

– Periodo preparatorio general: 3 meses (desde el primer mes hasta el tercero).

– Periodo preparatorio específico: 1 mes (el cuarto mes).

– Periodo competitivo general: 2 meses (el quinto y sexto mes).

– Periodo competitivo específico: 2 meses (el séptimo y octavo mes).

Planificación para 8 meses

5. Planificación a falta de 7 meses para las pruebas físicas oficiales

Será la siguiente:

– Periodo preparatorio general: 3 meses (desde el primer mes hasta el tercero).

– Periodo preparatorio específico: 1 mes (el cuarto mes).

– Periodo competitivo general: 2 meses (el quinto y sexto mes).

– Periodo competitivo específico: 1 mes (el séptimo mes).

Planificación para 7 meses

6. Planificación a falta de 6 meses para las pruebas físicas oficiales

Tendrá la siguiente secuencia:

– Periodo preparatorio general: 2 meses (el primer y segundo mes).

– Periodo preparatorio específico: 1 mes (el tercer mes).

– Periodo competitivo general: 2 meses (el cuarto y quinto mes).

– Periodo competitivo específico: 1 mes (el sexto mes).

Planificación para 6 meses

7. Planificación a falta de 5 meses para las pruebas físicas oficiales

Los tiempos se distribuirán de esta forma:

- Periodo preparatorio general: 2 meses (el primer y segundo mes).

- Periodo preparatorio específico: 1 mes (el tercer mes).

- Periodo competitivo general: 1 mes (el cuarto mes).

- Periodo competitivo específico: 1 mes (el quinto mes).

Planificación para 5 meses

8. Planificación a falta de 4 meses para las pruebas físicas oficiales

Los tiempos se distribuirán así:

- Periodo preparatorio general: 1 mes (el primer mes).

- Periodo preparatorio específico: 1 mes (el segundo mes).

– Periodo competitivo general: 1 mes (el tercer mes).

– Periodo competitivo específico: 1 mes (el cuarto mes).

Planificación para 4 meses

9. Planificación a falta de 3 meses para las pruebas físicas oficiales

Será la siguiente:

– Periodo preparatorio general: 1 mes (el primer mes).

– Periodo preparatorio específico: 1 mes (el segundo mes).

– Periodo competitivo general: 2 semanas (el segundo mes y medio).

– Periodo competitivo específico: 2 semanas (el tercer mes).

Planificación para 3 meses

10. Planificación a falta de 2 meses para las pruebas físicas oficiales

Los tiempos se distribuirán de esta forma:

– Periodo preparatorio general: 2 semanas (las primeras dos semanas).

– Periodo preparatorio específico: 2 semanas (el primer mes).

– Periodo competitivo general: 2 semanas (el primer mes y medio).

– Periodo competitivo específico: 2 semanas (el segundo mes).

Planificación para 2 meses

Para preparar las pruebas físicas con menos de dos meses de tiempo se reco-mienda la ayuda de un profesional, ya sea a distancia o presencial.

CAPÍTULO 15

Consideraciones de los programas de entrenamiento

1. Introducción

Habrá que tener en cuenta una serie de aspectos a la hora de entrenar para la mejora de las cuatro pruebas físicas de la oposición.

Los programas de entrenamiento estarán clasificados y divididos según la prueba a mejorar.

La **prueba de extensiones de brazo** necesita dedicación ya que la fuerza tarda tiempo en aumentarse. Al ser un número de repeticiones relativamente alto, se necesita cierta resistencia para lograr llegar a las últimas con buena técnica. Es importante realizar las extensiones de forma estricta con el fin de conseguir que el examinador las cuente todas.

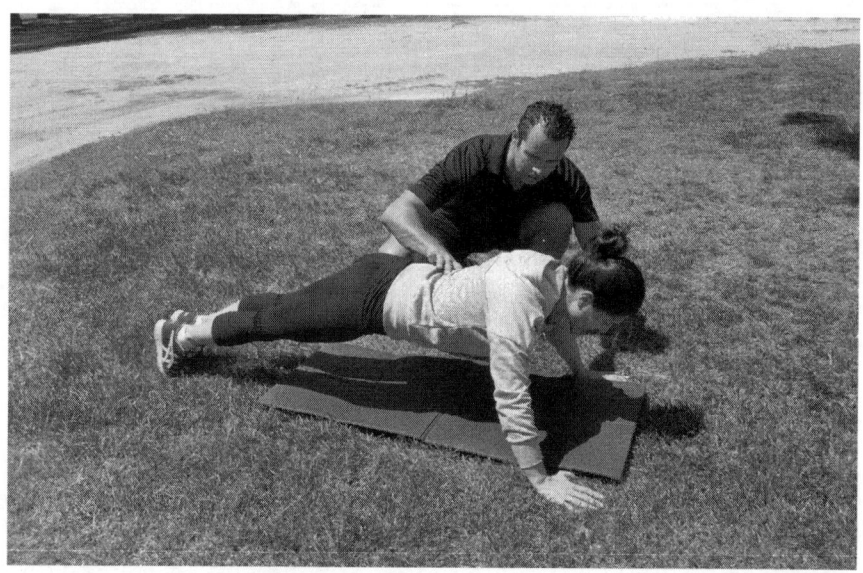

Prueba de fuerza extensora de brazos

Para la preparación de las extensiones, habrá un entrenamiento de musculación, ya sea con cargas externas (pesas) o internas (el propio peso corporal). A los candidatos que no tengan fuerza suficiente para realizar las repeticiones indicadas se les facilitará el ejercicio de extensiones de brazo por medio del apoyo de las rodillas en el suelo, cambiando el plano de trabajo siendo más vertical, etc. Por otro lado, se dificultarán las extensiones a los aspirantes que tengan un mayor dominio de las mismas.

Un ejercicio para la mejora es el press de banca. Ayudará a conseguir fuerza en el pectoral, tríceps y deltoides anterior, que son los principales músculos implicados en el ejercicio de extensiones de brazos.

Press de banca

Habrá observaciones con características distintas (series, repeticiones, descansos, etc.). Cuando se hable de repeticiones al máximo, hay que tener en cuenta que la técnica no debe descuidarse en las últimas flexiones (cuerpo alineado, flexión de brazos de forma que la barbilla toque el suelo, extensión de brazos completa, etc.).

La **prueba del circuito de agilidad** es la que menos debe preocupar al opositor ya que, con diferencia, es la que más rápido se mejora. Se entrenará de forma general, haciendo de forma seguida el recorrido entero. Y también se practicará por partes, buscando el perfeccionamiento de cada giro, salto, etc. En los primeros programas se practicará un menor número de veces y, conforme se vaya acercando la fecha de las pruebas, aumentará el número de realizaciones.

Circuito de agilidad

En cuanto al **entrenamiento de la prueba de carrera de 2000 metros,** habrá entrenamientos aeróbicos y anaeróbicos lácticos, con carreras de diferentes tipos (distancias, pulsaciones requeridas, inclinaciones del terreno, con recuperaciones completas o incompletas, etc.).

Carrera de resistencia

La **preparación de la prueba de natación** consistirá en entrenamientos aeróbicos, anaeróbicos lácticos y alácticos, con diversos parámetros (estilos, distancias, recuperaciones completas o incompletas, etc.).

Ejercicio de natación

2. Distribución semanal de los entrenamientos

Los programas de entrenamiento están diseñados para ejercitarse de 3 a 6 días semanales. La distribución de días a lo largo de la semana vendrá determinada por la disponibilidad del opositor.

Habrá un total de seis entrenamientos semanales:

- tres entrenamientos semanales de musculación y natación,

- y otros dos entrenamientos de carrera y de circuito de agilidad.

Lo ideal es que entre cada entrenamiento de musculación y natación haya un día de separación (mínimo). Lo mismo sucede con los entrenamientos de carrera. Esto se puede distribuir de varias formas:

- **Ejemplo 1**:

  * Lunes, miércoles y viernes: musculación y natación (1 hora de duración, aproximadamente).

  * Martes y sábado: entrenamiento de carrera y de circuito de agilidad (1 hora de duración, aproximadamente).

– **Ejemplo 2**:

  * Lunes y viernes: entrenamiento de carrera y de circuito (1 hora de duración, aproximadamente).

  * Martes, jueves y sábado: musculación y natación (1 hora de duración, aproximadamente).

– **Ejemplo 3:**

  * Lunes, miércoles y viernes: musculación y natación a primera hora del día, junto con lunes y viernes entrenamiento de carrera y circuito a última hora del día (1 hora de duración cada uno, aproximadamente). También se puede hacer al contrario.

– **Ejemplo 4:**

  * Martes, jueves y sábado: musculación y natación a primera hora del día, junto con martes y sábado entrenamiento de carrera y circuito a última hora del día (1 hora de duración cada uno, aproximadamente). También se puede hacer al contrario.

– **Ejemplo 5:**

  * Lunes, miércoles y viernes: musculación, natación, entrenamiento de carrera y circuito (2 horas de duración seguidas, aproximadamente).

– **Ejemplo 6:**

  * Martes, jueves y sábado: musculación, natación, entrenamiento de carrera y circuito (2 horas de duración seguidas, aproximadamente).

Se podrían poner más ejemplos, pero ya se ve que **lo importante es que haya al menos un día de separación entre entrenamientos del mismo tipo**.

La **distribución más aconsejable** es la de los ejemplos 1 y 2, ya que permite mantener el rendimiento durante todo el entrenamiento dado que, al hacer 5 días semanales, la duración de cada uno es de 1 hora y, en este tiempo, los depósitos de glucógeno muscular rinden al máximo.

En el caso de no disponer de 5 días semanales para entrenar, la **segunda opción más recomendable** es hacer lo indicado en los ejemplos 3 y 4, con el mismo fin de que el opositor esté 2 horas seguidas entrenando y que entre un tipo de entrenamiento y otro pasen al menos 6 horas. Por ejemplo: primer entrenamiento del día a las 7.30 a.m. y segundo entrenamiento del día a las 18:30 p.m.; o bien, a las 14:00 p.m. y a las 20:00 p.m., respectivamente.

Los ejemplos 5 y 6 van **destinados a opositores que solo dispongan de 3 días semanales** para entrenar y de una vez, es decir, haciendo ambos tipos de entrenamiento seguidos. En este caso, el orden deber ser: ejercicios de musculación, circuito de agilidad, carrera de 2000 metros y, por último, de natación.

3. Explicación de los contenidos de los entrenamientos

A continuación, se detallan los programas de entrenamiento englobados dentro del período correspondiente. Tal y como se ha dicho anteriormente, la duración de dichos programas va a depender del tiempo restante que tenga el opositor hasta el día de las pruebas oficiales (desde 2 hasta 10 meses).

Con el fin de personalizar al máximo cada programa, habrá varias opciones a elegir entre los opositores:

- Niveles según la forma física actual obtenida en el test de cada prueba: muy bajo, bajo, medio, alto y muy alto. En función del nivel que tenga el usuario, los entrenamientos tendrán una mayor o menor dificultad. Como se ha dicho anteriormente, cada uno debe elegir el entrenamiento correspondiente a su nivel. Con el fin de evitar lesiones, no se debe elegir uno mayor. Así mismo tampoco se debe elegir uno de menor nivel para que no se produzca un estancamiento o regresión.

4. Observaciones de los entrenamientos de extensiones de brazo

- **Calentamiento**: consiste en realizar 5-10 minutos de cualquier ejercicio aeróbico (carrera, bicicleta, elíptica, etc., aunque es preferible que sea de máquina de remo por tener mayor transferencia).

- **Series y repeticiones**: conjunto de veces que se realiza el movimiento de un ejercicio. Si un ejercicio se hace de forma alterna, primero con un brazo y luego con el otro, habrá que realizar las repeticiones marcadas con cada uno de los dos segmentos.

- **En circuito**: las vueltas dependerán del nivel obtenido en las pruebas. Ejemplo: 10 repeticiones del ejercicio 1, 10 del ejercicio 2... así hasta el último y se vuelve a empezar, haciendo el número de vueltas correspondiente al nivel obtenido en las pruebas.

– **Velocidad de ejecución**: cantidad de movimientos por espacio de tiempo. Puede ser lenta, media o rápida. Las contracciones suelen ser isotónicas concéntricas y excéntricas, es decir, hay acortamiento y estiramiento muscular. La fase excéntrica es a favor de la gravedad, pero no por ello se hace de forma más rápida e incontrolada, sino que se debe mantener la velocidad.

– **Intensidad**: referida a cómo se llegue a la última repetición de los ejercicios, ya sean con pesas o con el propio peso corporal.

Las repeticiones pueden ser de una intensidad baja (se hacen las repeticiones marcadas pero que en realidad se podrían hacer el doble), media (se podrían hacer 5 repeticiones más de las marcadas), alta (sería posible hacer 2 o 3 repeticiones más) o muy alta (es el máximo de repeticiones posibles, llegando al fallo muscular). No se debe abusar de este último tipo de intensidad ya que la técnica empeora bastante en las repeticiones forzadas.

– **Respiración**: se debe inspirar por la nariz durante la fase excéntrica del movimiento (estiramiento del músculo), que es a favor de la gravedad. La espiración se hará por la boca durante la fase concéntrica (acortamiento del músculo), que sucede en contra de la gravedad.

Ejemplo: en las clásicas extensiones o fondos en suelo, se inspira al bajar hacia el suelo, flexionando los brazos (a favor de la gravedad). Se espira al subir y extender los brazos (en contra de la gravedad).

Respiración durante las flexo-extensiones de tríceps

- **Recuperación**: tiempo de descanso entre cada serie.

- **Estiramientos**: al acabar el entrenamiento, conviene relajar los músculos trabajados haciendo los estiramientos musculares, manteniendo la posición de forma estática unos 30-40 segundos, sin hacer rebotes y sin que haya dolor muscular, solo molestia y tensión.

Estiramiento de gemelo

5. Observaciones de los entrenamientos de circuito de agilidad

Hay que tener en cuenta tres tipos de entrenamiento:

- **Entrenamiento libre**: consiste en realizar el circuito de forma autónoma, con el simple fin de memorizar el recorrido y comprobar cuál es el lado más conveniente a la hora de la salida.

- **Entrenamiento por pasos**: es la forma más segura de hacer el circuito, ya que minimiza riesgos a la hora de derribar algún elemento del mismo.

- **Entrenamiento por partes**: una vez que se domina el circuito de forma conjunta, este tipo de entrenamiento servirá para perfeccionar cada giro, cada salto, etc.

El recorrido a efectuar consiste en una especie de ocho y una recta final. El lado de salida es a elección del opositor, vendrá determinado por la pierna que quiera usarse a la hora de hacer el salto de la primera valla. Para ganar tiempo se recomienda saltarla, pero también se puede superar pasando primero una pierna y luego la otra. Dicho salto es a una pierna. Si conviene saltar con la pierna derecha, el lado de salida será el derecho y viceversa.

Salida por la derecha de la valla

Para un mayor control en los giros y evitar tocar algún componente del circuito, en cada giro se recomienda frenar y cambiar la dirección con la pierna más alejada del cono.

El número de pasos a realizar entre los elementos del circuito dependerá de la amplitud de zancada del opositor.

 Vídeo recomendado

- **Circuito de agilidad**:

  https://www.youtube.com/watch?v=acog17YSs
  oo&feature=youtu.be

5.1. Observaciones

– **Calentamiento**: consiste en realizar 10 minutos a ritmo medio de cualquier ejercicio aeróbico (bicicleta, elíptica, máquina de remo, etc., aunque es preferible que sea de carrera por tener mayor transferencia).

Hacer movilidad articular de hombros, caderas, rodillas y tobillos, con el fin de evitar cualquier lesión.

– **Parte principal**: práctica del circuito comenzando de forma suave y haciendo todo su recorrido. Posteriormente, se puede realizar el entrenamiento libre, por pasos o por partes, ya con una mayor intensidad.

– **Vuelta a la calma**: 5 minutos de carrera suave y estiramientos para relajar los músculos manteniendo la posición de forma estática unos 30-40 segundos, sin hacer rebotes y sin que haya dolor muscular, solo molestia y tensión.

5.2. Formas de practicar esta prueba

– Por libre, para determinar el lado más conveniente de salida y para memorizar el recorrido,

– por pasos, para automatizar el número de pisadas a realizar,

– por partes, para practicar cada uno de los recorridos por separado,

– o libre total, una vez se tenga el conocimiento de todo lo anterior, se practicará sin fijarse en la técnica.

5.3. Análisis de la técnica

5.3.1. Candidato diestro

Generalmente, los aspirantes diestros parten desde el lado derecho de la valla de salida, denominada a partir de ahora *primera valla*.

Cuando se hable de la *segunda valla*, se referirá a la valla que hay que pasar por debajo inicialmente y, al finalizar el circuito, saltar en carrera.

Recuerda que...

El número de pasos a realizar dependerá de la amplitud de zancada de cada aspirante, algo condicionado por la altura del aspirante y la longitud de sus piernas.

A) Posición de salida, primeros pasos, llegada y giro sobre el primer cono

El examinador dará la salida a la voz de "¡Listos, ya!", o bien diciendo "¡Ya!". Al mismo tiempo acciona su cronómetro. Así pues, será necesario realizar dicha salida con ambas frases. Es una prueba que se debería practicar con la ayuda de alguien, tanto para la señal de salida como para la toma de tiempos. Para tener una correcta postura de aceleración ante el estímulo sonoro, se debe adelantar un pie hasta la línea de salida y retrasar el otro, con ambas piernas ligeramente flexionados. La postura que tendrá el cuerpo será la dirigida hacia el cono en cuestión. Si el sujeto puede llegar a él con tres pasos, el pie que debe poner pegado a la línea de salida deberá ser el derecho. Si necesita cuatro pasos, el pie adelantado será el izquierdo. Esto hará que siempre se pueda frenar con la pierna más alejada del circuito (la izquierda).

Salida por la derecha de la valla y con pierna derecha adelantada, con el fin de hacer 3 pasos hasta el primer cono

Salida por la derecha de la valla y con pierna izquierda adelantada,
con el fin de hacer 4 pasos hasta el primer cono

Llegada al primer cono con la pierna del exterior

B) Pasos de aproximación hasta la segunda valla, giro y paso por debajo

Tras haber frenado con la pierna izquierda en el primer cono, el paso que corresponde ahora es con la pierna derecha. Habrá que determinar si se puede llegar a la primera valla en cuatro pasos o en seis. Lo importante será frenar con la pierna exterior, en este caso la derecha, y dar un último paso con la izquierda. De esta forma, se podrá flexionar al máximo la pierna izquierda y así poder apoyar el pecho en el muslo izquierdo, agachándose bien para pasar la valla por debajo, sin riesgo a tocarla y tirarla. Se deberán apoyar las manos en el suelo, a la anchura de los hombros, y extender la pierna derecha atrás.

La distancia desde el suelo hasta la parte inferior de la valla son 65 centímetros. Para hacer progresivo el aprendizaje del paso por debajo, se puede poner el listón de la valla un poco más alto, a unos 75-80 cm. Progresivamente, se deberá ir bajando hasta dejarlo a la medida oficial.

Llegada a la segunda valla con la pierna del exterior

Pisada y pivote con la pierna del interior, para agacharse

C) Salida de la segunda valla, pasos de aproximación hasta el segundo cono, llegada y giro

Desde la posición agrupada, debajo de la valla, el primer paso corresponde a la pierna derecha. Las opciones para aproximarse al segundo cono son hacer cuatro o bien seis pasos, en función de la amplitud de zancada de cada uno. En cualquier caso, habrá que frenar flexionando la pierna izquierda a su llegada al cono para poder cambiar de dirección.

D) Pasos de aproximación hasta la primera valla, giro, salto y contacto con el suelo

El trayecto desde el segundo cono hasta la primera valla se puede realizar en cinco pasos o en siete (vuelve a entrar en juego la amplitud de zancada). Una vez que se llega a la valla, el salto deberá hacerse con la pierna derecha, siendo acompañado por una elevación de la rodilla izquierda de forma explosiva.

Si se prefiere realizar sin salto, habrá que pasar primero la pierna izquierda y luego la derecha.

En cualquier caso, será el pie izquierdo el primero en contactar con el suelo al otro lado de la valla.

E) Recta final: pasos de aproximación hasta la segunda valla, salto y contacto con el suelo

Una vez que el pie izquierdo toca el suelo, el primer paso será con la pierna derecha, procurando trasladar sobre este último el peso corporal para no perder el equilibrio y favorecer la aceleración provocada por la inercia al caer.

Aprovechando que es una recta, hay que acelerar lo máximo posible al salir de la primera valla. En función de la amplitud de zancada, el recorrido entre vallas se hará en tres, cuatro o cinco pasos. El salto final se debe hacer a una pierna para echar la otra hacia adelante buscando contactar con el suelo lo más cerca posible a la valla, pero sin que exista el riesgo de tocarla y tirarla. La pierna de impulso será la derecha si la recta se hace en tres o cinco pasos, o bien la izquierda si se necesitan cuatro pasos.

Es importante ajustar el salto a la valla y no estar demasiado tiempo en el aire ya que el cronómetro no se para hasta que un pie contacta con el suelo al superar esta última valla. Si la pierna de batida es la derecha, el pie que deberá pisar el suelo cuanto antes será el izquierdo y viceversa. En algunas convocatorias el examinador detenía el cronómetro cuando los dos pies habían contactado con el suelo. Esto supone un tiempo registrado ligeramente mayor que en el caso de deterlo cuando el opositor contacta con el primer pie.

La distancia desde el suelo hasta la parte superior de la valla son 72 centímetros. Para hacer progresivo el aprendizaje del paso por encima, se puede poner el listón de la valla un poco más bajo, a unos 55-60 cm. Progresivamente, se deberá ir subiendo hasta dejarlo a la medida oficial. En caso de tener miedo de saltarla, se puede utilizar una cuerda como listón con un nudo muy flojo, de forma que si se toca por no hacer un salto lo suficientemente alto, dicha cuerda se cae al suelo sin más trascendencia.

En esta prueba se permite un segundo intento si se hace nulo en el primero. Las causas de que sea considerado nulo pueden ser las siguientes: derribar alguno de los conos o vallas, o bien equivocarse en el recorrido.

 Recuerda que...

Para un opositor que salga desde el lado derecho de la valla, las recomendaciones que se hacen para el buen desarrollo de esta prueba son las siguientes:

– Posición de salida en alerta, colocando una pierna adelante y otra atrás, las dos un poco flexionadas y en dirección al primer cono.

– Llegar a cada cono con la pierna del exterior, con el fin de hacer una buena frenada y cambio de dirección.

– Agacharse bien para pasar la valla por debajo, bajando las caderas y los hombros, por medio del contacto del pecho con el cuádriceps de la pierna más adelantada.

– Meterse debajo de la valla y salir de ella con un impulso de la pierna flexionada.

– A la hora de librar la primera valla, se deberá pasar primero la pierna izquierda ya sea por medio de un salto o sin él.

– Contactar con el suelo lejos de la primera valla y cargar el peso hacia adelante, mediante el primer paso de la pierna derecha.

– Ajustar el último salto de la segunda valla para que no sea demasiado alto y contactar lo más rápido posible con el suelo.

5.3.2. Candidato zurdo

Generalmente, los aspirantes zurdos parten desde el lado izquierdo de la valla de salida, denominada a partir de ahora *primera valla*.

Cuando se hable de la *segunda valla*, se referirá a la valla que hay que pasar por debajo inicialmente y, al finalizar el circuito, saltar en carrera.

 Recuerda que...

El número de pasos a realizar dependerá de la amplitud de zancada de cada aspirante, algo condicionado por la altura del aspirante y la longitud de sus piernas.

A) Posición de salida, primeros pasos, llegada y giro sobre el primer cono

El examinador dará la salida a la voz de "¡Listos, ya!", o bien diciendo "¡Ya!". Al mismo tiempo acciona su cronómetro. Así pues, será necesario realizar dicha salida con ambas frases. Es una prueba que se debería practicar con la ayuda de alguien, tanto para la señal de salida como para la toma de tiempos.

Para tener una correcta postura de aceleración ante el estímulo sonoro, se debe adelantar un pie hasta la línea de salida y retrasar el otro, con ambas piernas ligeramente flexionados. La postura que tendrá el cuerpo será la dirigida hacia el cono en cuestión. Si el sujeto puede llegar a él con tres pasos, el pie que debe poner pegado a la línea de salida deberá ser el izquierdo. Si necesita cuatro pasos, el pie adelantado será el derecho. Esto hará que siempre se pueda frenar con la pierna más alejada del circuito (la derecha).

Salida por la izquierda de la valla y con pierna izquierda adelantada, con el fin de hacer 3 pasos hasta el primer cono

*Salida por la izquierda de la valla y con pierna derecha adelantada,
con el fin de hacer 4 pasos hasta el primer cono*

Llegada al primer cono con la pierna del exterior

B) Pasos de aproximación hasta la segunda valla, giro y paso por debajo

Tras haber frenado con la pierna derecha en el primer cono, el paso que corresponde ahora es con la pierna izquierda. Habrá que determinar si se puede llegar a la primera valla en cuatro pasos o en seis. Lo importante será frenar con la pierna exterior, en este caso la izquierda, y dar un último paso con la derecha. De esta forma, se podrá flexionar al máximo la pierna derecha y así poder apoyar el pecho en el muslo derecho, agachándose bien para pasar la valla por debajo, sin riesgo a tocarla y tirarla. Se deberán apoyar las manos en el suelo, a la anchura de los hombros, y extender la pierna izquierda atrás.

La distancia desde el suelo hasta la parte inferior de la valla son 65 centímetros. Para hacer progresivo el aprendizaje del paso por debajo, se puede poner el listón de la valla un poco más alto, a unos 75-80 cm. Progresivamente, se deberá ir bajando hasta dejarlo a la medida oficial.

Llegada a la segunda valla con la pierna del exterior

Pisada y pivote con la pierna del interior, para agacharse

C) Salida de la segunda valla, pasos de aproximación hasta el segundo cono, llegada y giro

Desde la posición agrupada, debajo de la valla, el primer paso corresponde a la pierna izquierda. Las opciones para aproximarse al segundo cono son hacer cuatro o bien seis pasos, en función de la amplitud de zancada de cada uno. En cualquier caso, habrá que frenar flexionando la pierna derecha a su llegada al cono para poder cambiar de dirección.

D) Pasos de aproximación hasta la primera valla, giro, salto y contacto con el suelo

El trayecto desde el segundo cono hasta la primera valla se puede realizar en cinco pasos o en siete (vuelve a entrar en juego la amplitud de zancada). Una vez que se llega a la valla, el salto deberá hacerse con la pierna izquierda, siendo acompañado por una elevación de la rodilla derecha de forma explosiva.

Si se prefiere realizar sin salto, habrá que pasar primero la pierna derecha y luego la izquierda.

En cualquier caso, será el pie derecho el primero en contactar con el suelo al otro lado de la valla.

E) Recta final: pasos de aproximación hasta la segunda valla, salto y contacto con el suelo

Una vez que el pie derecho toca el suelo, el primer paso será con la pierna izquierda, procurando trasladar sobre este último el peso corporal para no perder el equilibrio y favorecer la aceleración provocada por la inercia al caer.

Aprovechando que es una recta, hay que acelerar lo máximo posible al salir de la primera valla. En función de la amplitud de zancada, el recorrido entre vallas se hará en tres, cuatro o cinco pasos. El salto final se debe hacer a una pierna para echar la otra hacia adelante buscando contactar con el suelo lo más cerca posible a la valla, pero sin que exista el riesgo de tocarla y tirarla. La pierna de impulso será la izquierda si la recta se hace en tres o cinco pasos, o bien la derecha si se necesitan cuatro pasos.

Es importante ajustar el salto a la valla y no estar demasiado tiempo en el aire ya que el cronómetro no se para hasta que un pie contacta con el suelo al superar esta última valla. Si la pierna de batida es la izquierda, el pie que deberá pisar el suelo cuanto antes será el derecho y viceversa. En algunas convocatorias el examinador detenía el cronómetro cuando los dos pies habían contactado con el suelo. Esto supone un tiempo registrado ligeramente mayor que en el caso de deterlo cuando el opositor contacta con el primer pie.

La distancia desde el suelo hasta la parte superior de la valla son 72 centímetros. Para hacer progresivo el aprendizaje del paso por encima, se puede poner el listón de la valla un poco más bajo, a unos 55-60 cm. Progresivamente, se deberá ir subiendo hasta dejarlo a la medida oficial. En caso de tener miedo de saltarla, se puede utilizar una cuerda como listón con un nudo muy flojo, de forma que si se toca por no hacer un salto lo suficientemente alto, dicha cuerda se cae al suelo sin más trascendencia.

En esta prueba se permite un segundo intento si se hace nulo en el primero. Las causas de que sea considerado nulo pueden ser las siguientes: derribar alguno de los conos o vallas, o bien equivocarse en el recorrido.

 Recuerda que...

Para un opositor que salga desde el lado derecho de la valla, las recomendaciones que se hacen para el buen desarrollo de esta prueba son las siguientes:

– Posición de salida en alerta, colocando una pierna adelante y otra atrás, las dos un poco flexionadas y en dirección al primer cono.

– Llegar a cada cono con la pierna del exterior, con el fin de hacer una buena frenada y cambio de dirección.

– Agacharse bien para pasar la valla por debajo, bajando las caderas y los hombros, por medio del contacto del pecho con el cuádriceps de la pierna más adelantada.

– Meterse debajo de la valla y salir de ella con un impulso de la pierna flexionada.

– A la hora de librar la primera valla, se deberá pasar primero la pierna derecha ya sea por medio de un salto o sin él.

– Contactar con el suelo lejos de la primera valla y cargar el peso hacia adelante, mediante el primer paso de la pierna izquierda.

– Ajustar el último salto de la segunda valla para que no sea demasiado alto y contactar lo más rápido posible con el suelo.

6. Observaciones de los entrenamientos de resistencia 2000 metros

Consideraciones:

- **Superficie**: en caso de correr por el exterior, para evitar lesiones por sobrecarga e impactos repetitivos, se debería procurar hacerlo por terreno blando, tierra o césped. Los entrenamientos para mejorar la carrera de 2000 metros son de una cadencia menor que los de 60 metros, pero tienen mayor volumen de metros y, por tanto, de impactos contra el suelo.

- **Velocidad**: será justo la necesaria para mantener la intensidad y duración requeridas. Es importante realizar el tiempo y/o la distancia recomendados en los programas. Para ello, hay que controlar el ritmo de carrera y no ir demasiado rápido. Cuando sea carrera continua, lo importante es mantener el ritmo y no parar por completo (si es necesario, se caminará rápido hasta estar recuperado, momento el que se deberá retomar la carrera).

- **Duración**: va a depender del nivel de cada usuario, siendo resultado de la realización del test de las pruebas físicas. Los opositores de nivel mayor tendrán entrenamientos de más larga duración y viceversa. Cada uno debe fijarse en el tiempo de duración correspondiente a su nivel y no realizar ningún otro. Si esto no se respeta, podría ser causa de lesión por sobreentrenamiento o mermar su rendimiento, según sea el caso.

- **Intensidad**: sería recomendable el uso de pulsómetro para controlar la frecuencia cardíaca. Teniendo en cuenta que la frecuencia cardíaca máxima se calcula con la fórmula de FCM = 220 - edad, trabajaremos con las siguientes intensidades, según el nivel de las pruebas físicas realizadas por cada opositor:

  * 60 % de la FCM (**ritmo bajo**, que no cueste apenas esfuerzo).

    Ejemplo: persona de 30 años. FCM = 220 - edad = 190 de pulsaciones máximas teóricas por minuto. El 60 % de 190 es 114 pulsaciones/minuto.

  * 70 % de la FCM (**ritmo medio**, que permita hablar sin esfuerzo).

    Ej.: 70 % de 190 = 133.

  * 80 % de la FCM (**ritmo alto**, que se entrecorten las palabras a la hora de hablar).

    Ej.: 80 % de 190 = 152.

* 90 % de la FCM (**ritmo muy alto**, que sea casi imposible hablar).

    Ej.: 90 % de 190 = 171. Si no coincide la percepción con el porcentaje de esfuerzo, el opositor deberá guiarse por las sensaciones físicas (y no por el valor que marca el pulsómetro)".

- **Recuperación**: tiempo de descanso entre cada serie. Hay dos tipos: activa (caminando, por ejemplo) y pasiva (parado en el sitio). También puede ser según el tiempo de recuperación: completa (el descanso es amplio y, prácticamente, las pulsaciones vuelven a su estado inicial) e incompleta (el corazón no recupera su pulso inicial antes del siguiente esfuerzo).

- **Estiramientos**: al acabar el entrenamiento, conviene relajar los músculos trabajados haciendo los estiramientos musculares, manteniendo la posición de forma estática unos 30-40 segundos, sin hacer rebotes y sin que haya dolor muscular, solo molestia y tensión. En carrera trabajan, sobre todo, los músculos del tren inferior. Habrá que estirar bien las piernas para una buena recuperación.

7. Observaciones de los entrenamientos de natación de 50 metros

Observaciones:

- **Velocidad**: será justo la necesaria para mantener la intensidad y distancia requeridas. Es importante recorrer el espacio requerido en los programas. Para ello, hay que controlar el ritmo de nado y no ir demasiado rápido. Cuando sea nado continuo, lo importante es mantener el ritmo y no parar por completo.

- **Volumen de metros**: va a depender del nivel de cada usuario, siendo resultado de la realización del test de las pruebas físicas. Los opositores de nivel mayor tendrán entrenamientos de más metros y duración, y viceversa. Cada uno debe fijarse en la distancia correspondiente a su nivel y no realizar ningún otro. Si esto no se respeta, podría ser causa de lesión por sobreentrenamiento o mermar su rendimiento, según sea el caso.

- **Intensidad**: sería recomendable el uso de pulsómetro para controlar la frecuencia cardíaca. Hoy en día hay pulsómetros sumergibles. Teniendo en cuenta que la frecuencia cardíaca máxima se calcula con la fórmula de FCM = 220 - edad, trabajaremos con las siguientes intensidades, según el nivel de las pruebas físicas realizadas por cada opositor:

* 60 % de la FCM (**ritmo bajo**, que no cueste apenas esfuerzo).

    Ejemplo: persona de 30 años. FCM = 220 - edad = 190 de pulsaciones máximas teóricas por minuto. El 60 % de 190 es 114 pulsaciones/minuto.

*   70 % de la FCM (**ritmo medio**, que permita hablar sin esfuerzo).

Ej.: 70 % de 190 = 133.

*   80 % de la FCM (**ritmo alto**, que se entrecorten las palabras a la hora de hablar).

Ej.: 80 % de 190 = 152.

*   90 % de la FCM (**ritmo muy alto**, que sea casi imposible hablar).

Ej.: 90 % de 190 = 171. Si no coincide la percepción con el porcentaje de esfuerzo, el opositor deberá guiarse por las sensaciones físicas (y no por el valor que marca el pulsómetro)".

– **Recuperación**: tiempo de descanso entre cada serie. Son menores que en carrera ya que con el hecho de estar de pie con la cabeza fuera del agua, el sistema aeróbico y anaeróbico se recupera rápido.

– **Estiramientos**: al acabar el entrenamiento, conviene relajar los músculos trabajados haciendo los estiramientos musculares, manteniendo la posición de forma estática unos 30-40 segundos, sin hacer rebotes y sin que haya dolor muscular, solo molestia y tensión. En natación trabajan prácticamente todos los grupos musculares del cuerpo, así que habrá que estirar tanto el tren superior como el inferior.

Nado a crol: el estilo más rápido

8. Test mensual tras la finalización de cada programa

Mes a mes, se debe realizar un nuevo test de las cuatro pruebas físicas en las condiciones lo más idénticas posible al día oficial. Esto se recomienda hacer una vez al mes, coincidiendo o no con el fin de cada programa y antes de comenzar el siguiente.

Se pueden realizar las cuatro pruebas el mismo día. El orden que suele seguirse en las oposiciones es uno de los dos siguientes:

– Extensiones de brazo, circuito de agilidad, carrera 2000 metros y natación.

– Extensiones de brazo, carrera 2000 metros, circuito de agilidad y natación.

Se puede seguir la sucesión de cualquiera de estas dos formas. El mismo día de las pruebas no suele haber demasiado tiempo para calentamientos. Los candidatos suelen ser llamados en grupo y van pasando por cada una de las pruebas físicas. Las carreras y la natación se realizan en grupo, pero las extensiones de brazos son de forma individual.

CAPÍTULO 16

Pautas para entrenar cada prueba

1. Introducción

A continuación, se detalla el orden en el que habrá que realizar los entrenamientos, en el caso de hacer la práctica de mejora de las cuatro pruebas físicas en la misma sesión de entrenamiento.

Como se ha dicho anteriormente, son varias pruebas físicas a mejorar y se pueden entrenar seguidas o agrupar en dos entrenamientos: por un lado, extensiones de brazos y natación; por otro, las dos carreras.

Sería conveniente **separar los dos tipos de entrenamiento**, al menos en dos horarios diferentes si se hacen el mismo día. Por ejemplo: un día entrenamiento de flexiones y natación; y otro día entrenamiento de carrera. Si por disponibilidad no se puede realizar de esta forma, otra opción es realizarlos el mismo día, pero uno por la mañana y otro por la tarde.

2. Entrenamiento de extensiones de brazo

Para la mejora de esta prueba habrá que trabajar la fuerza del tren superior. Los ejercicios de musculación servirán para mejorar el resultado de esta prueba. Se alternará el uso del propio peso corporal y el uso de cargas externas como pueden ser mancuernas, barras o máquinas.

Quien no domine su peso corporal deberá hacer las extensiones con las rodillas apoyadas en el suelo. Quien lo domine puede hacer las repeticiones sin apoyar las mismas.

Extensiones de brazo en plano casi vertical: dificultad baja

Cuanto más vertical es el plano en el que se hacen las extensiones, más fácil resulta ya que actúa menos el peso de la gravedad. El apoyo de las manos por encima del nivel del apoyo de pies conlleva un menor peso a levantar.

Extensiones de brazo con rodillas apoyadas: dificultad media

Extensiones de brazo inclinadas: dificultad alta

Si las manos están por debajo del nivel de los pies, el esfuerzo será mayor ya que implica menos el pectoral y más el hombro, teniendo menos fuerza este músculo.

Extensiones de brazo declinadas: dificultad muy alta

PROGRAMA / NIVEL	A	B	C	D	E
Muy bajo: 2 vueltas	10 series	12 series	18 series	12 series	18 series
Bajo: 3 vueltas	15 series	18 series	27 series	18 series	27 series
Medio: 4 vueltas	20 series	24 series	36 series	24 series	36 series
Alto: 5 vueltas	25 series	30 series	45 series	30 series	45 series
Muy alto: 6 vueltas	30 series	36 series	54 series	36 series	54 series

Relación del número de vueltas y series a realizar en los entrenamientos de musculación según el nivel obtenido en el test de extensiones de brazo

 Vídeos recomendados

Estiramientos tren superior

- **Pectoral**:
http://youtu.be/PsCNDK9LdrM

- **Dorsal**:
http://youtu.be/yzpN70vW2Ps

- **Hombro**:
http://youtu.be/DPDFPkpJ2LY

- **Trapecio y cuello**:
http://youtu.be/q2E-cOZ7s3I

- **Bíceps**:
http://youtu.be/y-ieBQLHIQU

- **Tríceps**:
http://youtu.be/EV7_9aEoN4w

- **Antebrazo**:
http://youtu.be/IVoWOK3qm9o

- **Abdominal**:
http://youtu.be/0edvO1_wcY4

- **Lumbar**:
http://youtu.be/kh6sJsHOpfY

3. Entrenamiento de circuito de agilidad

Será un entrenamiento destinado a **memorizar el recorrido, aprender a acelerar y frenar con eficiencia, esquivar cada cono y valla sin riesgo de tirarlos**. Habrá que mejorar la velocidad de reacción, velocidad de desplazamiento, aceleración, agilidad, coordinación y flexibilidad. Con diferencia, es la prueba que más rápido se mejora. Para practicarla, se debe volver a leer la explicación de la técnica.

El momento ideal para practicarlo será justo después del calentamiento, antes de la sesión de musculación. No conviene realizar más repeticiones de las aconsejadas en la siguiente tabla, ya que se realiza tres días semanales y puede ser lesivo por tener una cantidad importante de aceleraciones, cambios de dirección, giros, etc.

NIVEL \ PROGRAMA	A	B	C	D	E
Muy bajo	2 veces libre	2 veces por pasos y 1 vez por libre	2 veces por partes y 2 veces por pasos	2 veces por partes y 3 veces libre	6 veces libre
Bajo	2 veces libre	2 veces por pasos y 2 veces por libre	2 veces por partes y 3 veces por pasos	2 veces por partes y 4 veces libre	7 veces libre
Medio	3 veces libre	2 veces por pasos y 2 veces por libre	2 veces por partes y 3 veces por pasos	2 veces por partes y 4 veces libre	7 veces libre
Alto	4 veces libre	2 veces por pasos y 3 veces por libre	3 veces por partes y 4 veces por pasos	3 veces por partes y 4 veces libre	8 veces libre
Muy alto	4 veces libre	2 veces por pasos y 3 veces por libre	3 veces por partes y 3 veces por pasos	3 veces por partes y 4 veces libre	8 veces libre

Relación del número de repeticiones a realizar en cada uno de los entrenamientos según el nivel obtenido en el test. Forma de practicarlo

Para la toma de tiempos se necesitará otra persona que dé la salida, active el cronómetro y lo pare al finalizar. No es necesario en todas las repeticiones, solo en algunas para controlar tiempos.

Midiendo los tiempos

Una vez finalizado un programa, antes de empezar el siguiente, se debe realizar el test del circuito. Con el tiempo obtenido, se debe comprobar si ha cambiado el nivel en esa prueba.

En el circuito tiene especial importancia el trabajo de la flexibilidad por medio de estiramientos, ya que como lo indican McAtee y Charland "*Ayudan a prevenir lesiones, mejoran el rendimiento, promueven la percepción del propio cuerpo, estimulan el riego sanguíneo y sirven para relajarse y centrarse mentalmente*".

Vídeos recomendados

Estiramientos tren inferior

- **Pierna - Cuádriceps**:
  http://youtu.be/RwT73-nA7zY

- **Pierna - Femoral**:
  http://youtu.be/TPTFDcBfb-l

- **Pierna - Psoas**:
  http://youtu.be/ccgF49K67lQ

- **Pierna - Glúteo**:
  http://youtu.be/ZY36iUpxldl

- **Pierna - Aductor**:
  http://youtu.be/BluyC7WQj2g

- **Pierna - Abductor**:
  http://youtu.be/LVYZhUlXjCA

- **Pierna - Gemelo**:
  http://youtu.be/qLciWStcqml

- **Pierna - Sóleo**:
  http://youtu.be/1flIpjvmO_g

4. Entrenamiento de resistencia 2000 metros

Habrá que entrenar la resistencia aeróbica y anaeróbica dado que en una carrera de 2000 metros intervienen ambos sistemas de energía.

Los entrenamientos vendrán especificados en los programas en sí. Cada uno implicará un volumen e intensidad diferente. Serán dos días semanales los que se entrene esta prueba.

Hay que tener en cuenta que es una prueba relativamente rápida, en la que se necesita una base aeróbica, pero con una buena técnica de carrera y tolerancia a las pulsaciones altas. El hecho de ser capaz de correr durante un tiempo a ritmo medio, con pulsaciones cómodas (60 - 70 % de la frecuencia cardíaca máxima), no va a significar que se puedan realizar los 2000 metros en un buen tiempo. Esta es una prueba en la que las pulsaciones pueden llegar a un 90 % de la FCM del aspirante.

Por tanto, tiene gran importancia el entrenamiento del sistema anaeróbico de tipo láctico y aláctico, en el que hay una acumulación de ácido láctico. Se entrenará la tolerancia a las pulsaciones altas y se procurará aumentar el umbral anaeróbico (ver Conceptos fundamentales, capítulo 3).

Se recomienda correr al aire libre y no en una cinta o tapiz rodante de gimnasio. El opositor debe acostumbrarse desde un principio a tener que impulsar su cuerpo para desplazarse y en una cinta eso no sucede ya que se mueve sola. Además, conviene tener la experiencia de correr con aire (en los espacios cerrados no hay viento y el día de la prueba sí que puede haber).

Hay un componente psicológico ya que realizar 5 vueltas en el mismo recorrido es algo que requiere fuerza de voluntad y no venirse abajo. Por ello, el test de esta prueba debe realizarse dando vueltas y no corriendo los dos kilómetros en línea recta.

Después de finalizar el entrenamiento se recomienda estirar todos los músculos implicados, con el fin de reducir agujetas y favorecer la recuperación de cara al siguiente entrenamiento.

Estiramiento de pierna

Vídeos recomendados

- **Correr al aire libre:**
  http://youtu.be/IYgn7hGGm64
- **Pierna - Cuádriceps**:
  http://youtu.be/RwT73-nA7zY
- **Pierna - Femoral**:
  http://youtu.be/TPTFDcBfb-I
- **Pierna - Psoas**:
  http://youtu.be/ccgF49K67lQ
- **Pierna - Glúteo**:
  http://youtu.be/ZY36iUpxldI

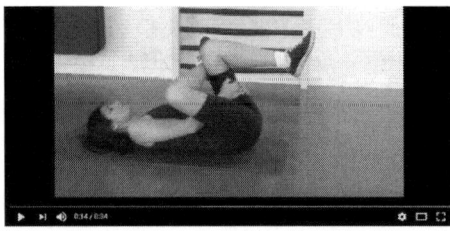

141. ESTIRAMIENTOS - Pierna - Glúteo

- **Pierna - Aductor**:
  http://youtu.be/BluyC7WQj2g
- **Pierna - Abductor**:
  http://youtu.be/LVYZhUlXjCA
- **Pierna - Gemelo**:
  http://youtu.be/qLciWStcqml

144. ESTIRAMIENTOS - Pierna - Gemelo

- **Pierna - Sóleo**:
  http://youtu.be/1flIpjvmO_g

5. Entrenamiento de soltura acuática 50 metros

Los entrenamientos de natación seguirán el siguiente formato:

– Calentamiento.

– Parte principal.

– Vuelta a la calma.

Sobre todo, se entrenará el estilo más rápido: el crol. No obstante, se practicará también la espalda y la braza. En cuestión de la forma de nado a mariposa, no se hará nada debido a su complejidad y poca transferencia al crol.

El volumen de metros va a depender del estado de forma física inicial de cada opositor, hallado éste con el test de las cuatro pruebas físicas.

Finalización de un entrenamiento de natación

Después de finalizar el entrenamiento se recomienda estirar todos los músculos implicados, con el fin de reducir agujetas y favorecer la recuperación de cara al siguiente entrenamiento. Como es un ejercicio que trabaja el tren superior e inferior, habrá que estirar prácticamente todo el cuerpo.

Entrada de cabeza al agua

Vídeos recomendados

Estiramientos tren superior

- **Pectoral**:
  http://youtu.be/PsCNDK9LdrM

129. ESTIRAMIENTOS - Pectoral

- **Dorsal**:
  http://youtu.be/yzpN70vW2Ps
- **Hombro**:
  http://youtu.be/DPDFPkpJ2LY
- **Trapecio y cuello**:
  http://youtu.be/q2E-cOZ7s3I
- **Bíceps**:
  http://youtu.be/y-ieBQLHlQU
- **Tríceps**:
  http://youtu.be/EV7_9aEoN4w
- **Antebrazo**:
  http://youtu.be/IVoWOK3qm9o
- **Abdominal**:
  http://youtu.be/0edvO1_wcY4
- **Lumbar**:
  http://youtu.be/kh6sJsHOpfY

137. ESTIRAMIENTOS - Lumbar

Vídeos recomendados

Estiramientos tren inferior

- **Pierna - Cuádriceps**:
  http://youtu.be/RwT73-nA7zY

- **Pierna - Femoral**:
  http://youtu.be/TPTFDcBfb-I

- **Pierna - Psoas**:
  http://youtu.be/ccgF49K67lQ

- **Pierna - Glúteo**:
  http://youtu.be/ZY36iUpxIdI

- **Pierna - Aductor**:
  http://youtu.be/BluyC7WQj2g

- **Pierna - Abductor**:
  http://youtu.be/LVYZhUIXjCA

- **Pierna - Gemelo**:
  http://youtu.be/qLciWStcqmI

- **Pierna - Sóleo**:
  http://youtu.be/1flIpjvmO_g

CAPÍTULO 17

Explicación y desarrollo de los periodos de entrenamiento

1. Introducción

 Recuerda que...

La planificación para la preparación de las pruebas físicas de acceso a la Guardia Civil tendrá cuatro periodos en los que se engloban diversos programas de entrenamiento.

La siguiente tabla comprende la duración de los programas, relacionando el tiempo disponible antes del día de las pruebas oficiales y el tipo de periodo.

Tiempo / Periodo	10 meses	9 meses	8 meses	7 meses	6 meses	5 meses	4 meses	3 meses
Preparatorio general	Programa A: 2 meses	Programa A: 2 meses	Programa A: 1 mes	Programa A: 1 mes	Programa A: 1 mes	Programa A: 1 mes	Programa A: 2 semanas	Programa A: 2 semanas
	Programa B: 2 meses	Programa B: 1 mes	Programa B: 2 meses	Programa B: 2 meses	Programa B: 1 mes	Programa B: 1 meses	Programa B: 2 semanas	Programa B: 2 semanas
Preparatorio específico	Programa C: 2 meses	Programa C: 2 meses	Programa C: 1 mes	Programa C: 1 mes	Programa C: 1 mes	Programa C: 1 mes	Programa C: 1 mes	Programa C: 1 mes
Competitivo general	Programa D: 2 meses	Programa D: 2 meses	Programa D: 2 meses	Programa D: 2 meses	Programa D: 2 meses	Programa D: 1 mes	Programa D: 1 mes	Programa D: 2 semanas
Competitivo específico	Programa E: 2 meses	Programa E: 2 meses	Programa E: 2 meses	Programa E: 1 mes	Programa E: 1 mes	Programa E: 1 mes	Programa E: 1 mes	Programa E: 2 semanas

Duración de los programas en función
del tiempo restante hasta la realización de las pruebas

El opositor deberá realizar los **4 periodos con sus correspondientes 5 programas**, independientemente del tiempo que le quede hasta la fecha del examen oficial de las pruebas físicas. Reducir o aumentar la duración de cada uno de los programas hará que la planificación se vea afectada y que el opositor no llegue con un estado óptimo de forma física al día de las pruebas.

2. Periodo preparatorio general

Es la primera etapa de preparación física en la cual se comienza con entrenamientos generales, trabajando las cualidades físicas básicas y desarrollando todos los músculos, tanto los implicados en las pruebas como los que no. Es un periodo necesario para crear una base aeróbica y muscular y, así, evitar posibles lesiones en un futuro cuando los entrenamientos sean más específicos.

Sirve para que no haya futuras descompensaciones en la musculatura. Es un error caer en la especificidad del entrenamiento ya desde el principio de la preparación de las pruebas físicas de acceso. Se debe ir de lo más general a lo más específico con una estructura y secuencia lógica. Para ello, hay que ir periodo a periodo, sin saltarse ninguno.

En cuanto al tipo de carga, destacar que el volumen y la intensidad serán bajos al principio, pero irán incrementando progresivamente e incluso llegará a haber una notable diferencia a favor del volumen.

 Recuerda que...

Para entender correctamente la distribución de las cargas de entrenamiento, se recomienda volver a leer las definiciones de carga, intensidad y volumen en el Capítulo 3.

Este Periodo Preparatorio General está compuesto por dos programas de entrenamiento deportivo con duración variable, según el tiempo disponible del opositor hasta el día de las pruebas.

3. Periodo preparatorio específico

Es la segunda etapa de preparación para las pruebas físicas. Comienza a hacerse un poco más específico el entrenamiento, buscando el protagonismo de las cualidades físicas básicas y los músculos principales en cada una de las pruebas, sin desentenderse de los secundarios.

Respecto a la carga, el volumen empieza a reducirse y la intensidad aumenta progresivamente.

Este periodo está compuesto por un único programa de entrenamiento deportivo y su duración depende del tiempo disponible del opositor hasta el día de las pruebas oficiales.

4. Periodo competitivo general

Es la tercera etapa de preparación física. Se comienza a buscar el ritmo de competición, es decir, la simulación de las características de cada prueba.

En cuanto a la carga, los valores del volumen siguen disminuyendo y los de intensidad aumentan hasta su pico máximo.

Este periodo conlleva un programa de entrenamiento de duración variable según el tiempo restante hasta el día de las pruebas.

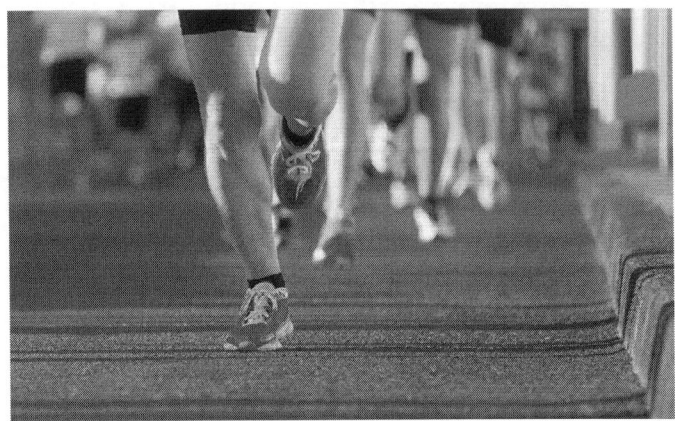

5. Periodo competitivo específico

Es la cuarta y última etapa de preparación. Consiste en una puesta a punto para llegar con el máximo nivel posible al día de las pruebas físicas oficiales. Los ejercicios de los entrenamientos son totalmente específicos y buscan simular cada una de las pruebas al detalle.

Atendiendo a la carga, la intensidad sigue en su máximo valor y el volumen vuelve a aumentar, alcanzando un valor casi tan alto como la intensidad.

Está compuesto por un programa de entrenamiento en el que la duración depende del tiempo disponible del opositor hasta el día de las pruebas.

CAPÍTULO 18

Periodo preparatorio general: programas A y B

1. Introducción

Es necesario realizar todos los programas (A, B, C, D y E) durante el tiempo estipulado en el Capítulo 17 "Explicación y desarrollo de los periodos de entrenamiento", que irá en función del tiempo restante hasta la fecha de las pruebas físicas oficiales.

2. Programa A

2.1. Entrenamiento de extensiones de brazo

En este tipo de entrenamiento las consideraciones a tener en cuenta son:

– **Repeticiones**: 10 de cada uno de los ejercicios.

– **En circuito**: las vueltas dependerán del nivel obtenido en las pruebas. Ejemplo: 10 repeticiones del ejercicio 1, 10 del ejercicio 2... así hasta el último y se vuelve a empezar, haciendo el número de vueltas correspondiente al nivel obtenido en las pruebas.

– **Series**: dependerá del número de vueltas en que se realice el circuito.

– **Intensidad**: media, que no cueste llegar a la última repetición.

– **Recuperación**: entre ejercicios, es lo que lleve desplazarse de uno a otro. Entre vueltas, es de 1 minuto.

– **Velocidad**: moderada, ni rápida ni lenta.

Press vertical

ENTRENAMIENTO 1	ENTRENAMIENTO 2	ENTRENAMIENTO 3
1. Flexiones de brazo (si es necesario, apoyar rodillas para llegar a las 10 repeticiones)	1. Press hombros con mancuernas	1. Press vertical para pecho
2. Encogimientos normales	2. Encogimientos normales	2. Encogimientos normales
3. Aperturas planas con mancuernas	3. Bíceps alterno con giro de mancuerna	3. Aperturas planas con mancuernas
4. Elevaciones de pelvis para abdominal con piernas a 90º	4. Elevaciones de pelvis para abdominal con piernas a 90º	4. Elevaciones de pelvis para abdominal con piernas a 90º
5. Press vertical para pecho	5. Extensión tríceps en polea alta	5. Remo en máquina agarre estrecho

Entrenamiento de extensiones de brazo, programa A

Abdominales elevación de pelvis

Vídeos recomendados

- **Flexiones normales**:
  http://youtu.be/o1uEOySgqel

- **Flexiones con rodillas apoyadas**:
  http://youtu.be/cay0sCjaY2s

- **Flexiones con manos apoyadas en pared**:
  http://youtu.be/yEshJMmWsiI

- **Press con mancuernas**:
  http://youtu.be/etBfeWlG3UI

- **Encogimientos normales**:
  http://youtu.be/8kAtiCfSPAM

- **Remo en máquina, agarre estrecho**:
  http://youtu.be/soCIc8IC_fg

- **Curl con mancuernas, giro alterno**:
  http://youtu.be/Nq34NX-XbSE

- **Elevación de pelvis**:
  http://youtu.be/MtQQgPfX_LI

- **Aperturas planas con mancuernas**:
  http://youtu.be/5mqzrMArDwg

- **Extensión en polea alta con barra**:
  http://youtu.be/RU_xplYhPFM

2.2. Entrenamiento de circuito de agilidad

Realizar según se ha indicado en el Capítulo 16 "Pautas para entrenar cada prueba".

NIVEL \ PROGRAMA	A
Muy bajo	2 veces libre
Bajo	2 veces libre
Medio	3 veces libre
Alto	4 veces libre
Muy alto	4 veces libre

2.3. Entrenamiento de resistencia 2000 metros

En este tipo de entrenamiento las consideraciones a tener en cuenta son:

– Intensidad:

* **Baja**, que no cueste apenas esfuerzo. 60 % de la FCM.

* **Media**, que permita hablar sin esfuerzo. 70 % de la FCM.

* **Alta**, que se entrecorten las palabras a la hora de hablar. 80 % de la FCM.

* **Muy alta**, que sea casi imposible hablar. 90 % de la FCM.

Ejemplo: persona de 30 años. FCM = 220 - edad = 190 de pulsaciones máximas teóricas por minuto. El 70 % de 190 es 133 pulsaciones/minuto.

– Estiramientos: al acabar se deben estirar las piernas manteniendo la posición sin hacer rebotes durante 30-40 segundos.

	ENTRENAMIENTO 1	ENTRENAMIENTO 2	ENTRENAMIENTO 3
Nivel muy bajo	30 minutos caminando, intensidad media	30 minutos caminando, intensidad media	30 minutos caminando, intensidad media
Nivel bajo	45 min caminando, intensidad alta	20 min carrera continua, intensidad media	45 min caminando, intensidad alta
Nivel medio	25 min carrera continua, intensidad media	30 min carrera continua, intensidad media	25 min carrera continua, intensidad media
Nivel alto	35 min carrera continua, intensidad media	40 min carrera continua, intensidad media	35 min carrera continua, intensidad media
Nivel muy alto	40 min carrera continua, intensidad media	45 min carrera continua, intensidad media	40 min carrera continua, intensidad media

Entrenamiento de carrera de 2000 metros, programa A

2.4. Entrenamiento de soltura acuática 50 metros

Observaciones en los entrenamientos de natación:

- Intensidad: media.

- Estilos: vienen determinados. Si pone "estilo libre", significa que es a libre elección (no tiene por qué ser crol).

- Distancia a realizar: viene determinada en metros, aunque solo ponga un dato numérico.

- Recuperación: se hace de forma vertical dentro del agua, pero con los pies apoyados.

- Estiramientos: al acabar se deben estirar los brazos y piernas manteniendo la posición sin hacer rebotes durante 30-40 segundos.

	ENTRENAMIENTO 1	ENTRENAMIENTO 2	ENTRENAMIENTO 3
Nivel muy bajo	50 metros braza 4 x 25 pies crol con tabla 1. Rec: 40 seg 50 metros braza	50 metros estilo libre 4 x 25 rasca pulgar. Rec: 40 segundos 50 metros estilo libre	50 metros braza 4 x 25 pies crol con tabla 1. Rec: 40 seg 50 metros braza
Nivel bajo	100 metros estilo libre 6 x 25 pies crol con tabla 1. Rec: 40 seg 100 metros estilo libre	100 metros estilo libre 6 x 25 rasca pulgar. Rec: 40 segundos 100 metros estilo libre	100 metros estilo libre 6 x 25 pies crol con tabla 1. Rec: 40 seg 100 metros estilo libre
Nivel medio	200 metros estilo libre 4 x 50 pies crol con tabla 1. Rec: 30 seg 4 x 50 espalda. Rec: 30 segundos 200 metros estilo libre	200 metros estilo libre 4 x 50 rasca pulgar. Rec: 30 segundos 4 x 50 braza. Rec: 20 segundos 200 metros estilo libre	200 metros estilo libre 4 x 50 pies crol con tabla 1. Rec: 30 seg 4 x 50 espalda. Rec: 30 segundos 200 metros estilo libre
Nivel alto	200 metros estilo libre 4 x 50 pies crol con tabla 1. Rec: 25 seg 4 x 50 espalda. Rec: 25 segundos 4 x 50 crol ritmo alto. Rec: 30 segundos 200 metros estilo libre	200 metros estilo libre 4 x 100 rasca pulgar. Rec: 25 segundos 4 x 50 braza. Rec: 20 segundos 200 metros estilo libre	200 metros estilo libre 4 x 50 pies crol con tabla 1. Rec: 25 seg 4 x 50 espalda. Rec: 25 segundos 4 x 50 crol ritmo alto. Rec: 30 segundos 200 metros estilo libre

.../...

.../...

	300 metros estilo libre 4 x 100 pies crol con tabla 1. Rec: 25 seg 4 x 50 espalda. Rec: 25 segundos 4 x 50 crol ritmo alto. Rec: 30 segundos 300 metros estilo libre	200 metros estilo libre 4 x 100 rasca pulgar. Rec: 25 segundos 4 x 50 braza. Rec: 20 segundos 200 metros estilo libre	300 metros estilo libre 4 x 100 pies crol con tabla 1. Rec: 25 seg 4 x 50 espalda. Rec: 25 segundos 4 x 50 crol ritmo alto. Rec: 30 segundos 300 metros estilo libre
Nivel muy alto			

Entrenamiento de natación 50 metros, programa A

 Vídeos recomendados

- **Estilo crol**:
  https://youtu.be/A1D-_iZS6ls

- **Estilo braza**:
  https://youtu.be/_hE-_lsEx-o

- **Estilo crol pies tabla 1**:
  https://youtu.be/OaOVm--6Wws

- **Estilo espalda**:
  https://youtu.be/ltt23Cr2X94

- **Estilo crol rasca pulgar**:
  https://youtu.be/7LG5Mg-EYCs

Ejercicio de pulgar rasca axila

IMPORTANTE: se debe realizar el test de todas las pruebas físicas antes de comenzar el siguiente programa. Puede que el nivel del opositor haya cambiado.

3. Programa B

Se debe realizar durante el tiempo indicado en el Capítulo 17.

3.1. Entrenamiento de extensiones de brazo

En este tipo de entrenamiento las consideraciones a tener en cuenta son:

- **Repeticiones**: 12 de cada uno de los ejercicios.

- **En circuito**: las vueltas dependerán del nivel obtenido en las pruebas.

  Ejemplo: 12 repeticiones del ejercicio 1, 12 del ejercicio 2... así hasta el último y se vuelve a empezar, haciendo el número de vueltas correspondiente al nivel obtenido en las pruebas.

- **Series**: dependerá del número de vueltas realizadas en el circuito.

- **Intensidad**: media-alta, que cueste un poco llegar a la última repetición.

- **Recuperación**: entre ejercicios, es lo que lleve desplazarse de uno a otro. Entre vueltas es de 1 minuto.

- **Velocidad**: moderada, ni rápida ni lenta.

ENTRENAMIENTO 1	ENTRENAMIENTO 2	ENTRENAMIENTO 3
1. Flexiones de brazo (si es necesario, apoyar rodillas para llegar a las 10 repeticiones)	1. Elevación lateral con mancuernas	1. Jalón al pecho agarre estrecho
2. Encogimientos normales	2. Encogimientos normales	2. Encogimientos normales

ENTRENAMIENTO 1	ENTRENAMIENTO 2	ENTRENAMIENTO 3
3. Press plano con mancuernas	3. Bíceps alterno con giro de mancuerna	3. Remo en máquina agarre estrecho
4. Elevaciones de pelvis para abdominal con piernas a 90°	4. Elevaciones de pelvis para abdominal con piernas a 90°	4. Elevaciones de pelvis para abdominal con piernas a 90°
5. Jalón al pecho agarre estrecho	5. Press francés para tríceps	5. Flexiones de brazos (con o sin rodillas apoyadas en el suelo)
6. Encogimientos abdominales mano a mismo pie	6. Encogimientos abdominales mano a mismo pie	6. Encogimientos abdominales mano a mismo pie

Entrenamiento de extensiones de brazo, programa B

Extensiones de brazo normales

Vídeos recomendados

- **Press plano con mancuernas**:
  http://youtu.be/X11Z4ZIYSns

- **Jalón al pecho agarre estrecho**:
  http://youtu.be/2oySz9COBIY

- **Encogimientos normales**:
  http://youtu.be/8kAtiCfSPAM

- **Elevaciones laterales con mancuernas**:
  http://youtu.be/Xq4YLJw61Ak

- **Remo en máquina, agarre estrecho**:
  http://youtu.be/soClc8IC_fg

- **Curl con mancuernas, giro alterno**:
  http://youtu.be/Nq34NX-XbSE

- **Elevación de pelvis**:
  http://youtu.be/MtQQgPfX_LI

- **Flexiones normales**:
  http://youtu.be/o1uEOySgqel

- **Flexiones con rodillas apoyadas**:
  http://youtu.be/cay0sCjaY2s

- **Press francés con mancuernas**:
  http://youtu.be/DMKGl9wrDO8

- **Encogimientos mano a mismo pie**:
  http://youtu.be/9PWHPGqglcE

3.2. Entrenamiento de circuito de agilidad

Realizarlo según lo que se indica al respecto en el Capítulo 16.

PROGRAMA NIVEL	B
Muy bajo	2 veces por pasos y 1 vez por libre
Bajo	2 veces por pasos y 2 veces por libre

.../...

.../...

Medio	2 veces por pasos y 2 veces por libre
Alto	2 veces por pasos y 3 veces por libre
Muy alto	2 veces por pasos y 3 veces por libre

Entrenamiento de circuito, programa B

3.3. Entrenamiento de resistencia 2000 metros

A tener en cuenta:

- **Intensidad:**

    * **Baja**, que no cueste apenas esfuerzo. 60 % de la FCM.

    * **Media**, que permita hablar sin esfuerzo. 70 % de la FCM.

    * **Alta**, que se entrecorten las palabras a la hora de hablar. 80 % de la FCM.

    * **Muy alta**, que sea casi imposible hablar. 90 % de la FCM

    Ejemplo: persona de 30 años. FCM = 220 - edad = 190 de pulsaciones máximas teóricas por minuto. El 70 % de 190 es 133 pulsaciones/minuto.

- **Estiramientos:** al acabar se deben estirar las piernas manteniendo la posición sin hacer rebotes durante 30-40 segundos.

	ENTRENAMIENTO 1	**ENTRENAMIENTO 2**	**ENTRENAMIENTO 3**
Nivel muy bajo	40 minutos caminando, intensidad alta	15 min carrera continua, intensidad media	40 minutos caminando, intensidad alta
Nivel bajo	20 min carrera continua, intensidad media	45 min caminando, intensidad alta	20 min carrera continua, intensidad media
Nivel medio	30 min carrera continua, intensidad media	35 min carrera continua, intensidad media	30 min carrera continua, intensidad media
Nivel alto	40 min carrera continua, intensidad media	45 min carrera continua, intensidad media	40 min carrera continua, intensidad media
Nivel muy alto	45 min carrera continua, intensidad media	50 min carrera continua, intensidad media	45 min carrera continua, intensidad media

Entrenamiento de carrera de 2000 metros, programa B

3.4. Entrenamiento de soltura acuática 50 metros

Observaciones en los entrenamientos de natación:

- Intensidad: media.

- Estilos: vienen determinados. Si pone "estilo libre", significa que es a libre elección (no tiene por qué ser crol).

- Distancia a realizar: viene determinada en metros, aunque solo ponga un dato numérico.

- Recuperación: se hace de forma vertical, dentro del agua pero con los pies apoyados.

- Estiramientos: al acabar se deben estirar los brazos y piernas manteniendo la posición sin hacer rebotes durante 30-40 segundos.

	ENTRENAMIENTO 1	ENTRENAMIENTO 2	ENTRENAMIENTO 3
Nivel muy bajo	50 metros braza 4 x 25 pies crol con tabla 1. Rec: 40 seg 50 metros braza	50 metros estilo libre 4 x 25 rasca pulgar. Rec: 40 segundos 50 metros estilo libre	50 metros braza 4 x 25 pies crol con tabla 1. Rec: 40 seg 50 metros braza
Nivel bajo	100 metros estilo libre 6 x 25 pies crol con tabla 1. Rec: 40 seg 100 metros estilo libre	100 metros estilo libre 6 x 25 rasca pulgar. Rec: 40 segundos 100 metros estilo libre	100 metros estilo libre 6 x 25 pies crol con tabla 1. Rec: 40 seg 100 metros estilo libre
Nivel medio	200 metros estilo libre 4 x 50 pies crol con tabla 1. Rec: 30 seg 4 x 50 espalda. Rec: 30 segundos 200 metros estilo libre	200 metros estilo libre 4 x 50 rasca pulgar. Rec: 30 segundos 4 x 50 braza. Rec: 20 segundos 200 metros estilo libre	200 metros estilo libre 4 x 50 pies crol con tabla 1. Rec: 30 seg 4 x 50 espalda. Rec: 30 segundos 200 metros estilo libre

.../...

Nivel alto	200 metros estilo libre 4 x 50 pi es crol con tabla 1. Rec: 25 seg 4 x 50 espalda. Rec: 25 segundos 4 x 50 crol ritmo alto. Rec: 30 segundos 200 metros estilo libre	200 metros estilo libre 4 x 100 rasca pulgar. Rec: 25 segundos 4 x 50 braza. Rec: 20 segundos 200 metros estilo libre	200 metros estilo libre 4 x 50 pies crol con tabla 1. Rec: 25 seg 4 x 50 espalda. Rec: 25 segundos 4 x 50 crol ritmo alto. Rec: 30 segundos 200 metros estilo libre
Nivel muy alto	300 metros estilo libre 4 x 100 pies crol con tabla 1. Rec: 25 seg 4 x 50 espalda. Rec: 25 segundos 4 x 50 crol ritmo alto. Rec: 30 segundos 300 metros estilo libre	200 metros estilo libre 4 x 100 rasca pulgar. Rec: 25 segundos 4 x 50 braza. Rec: 20 segundos 200 metros estilo libre	300 metros estilo libre 4 x 100 pies crol con tabla 1. Rec: 25 seg 4 x 50 espalda. Rec: 25 segundos 4 x 50 crol ritmo alto. Rec: 30 segundos 300 metros estilo libre

Entrenamiento de natación 50 metros, programa B

 Vídeos recomendados

- **Estilo braza**:
  https://youtu.be/_hE-_lsEx-o

- **Estilo crol**:
  https://youtu.be/A1D-_iZS6ls

- **Estilo crol pies tabla 1**:
  https://youtu.be/OaOVm--6Wws

- **Estilo espalda**:
  https://youtu.be/ltt23Cr2X94

- **Estilo crol rasca pulgar**:
  https://youtu.be/7LG5Mg-EYCs

Respiración frontal

IMPORTANTE: se debe realizar el test de todas las pruebas físicas antes de comenzar el siguiente programa. Puede que el nivel del opositor haya cambiado.

CAPÍTULO 19

Periodo preparatorio específico: programa C

1. Introducción

Se debe realizar durante el tiempo indicado en el Capítulo 17.

2. Entrenamiento de extensiones de brazo

En este tipo de entrenamiento las consideraciones a tener en cuenta son:

– **Repeticiones**: 15 de cada uno de los ejercicios.

– **En circuito**: las vueltas dependerán del nivel obtenido en las pruebas. Ejemplo: 15 repeticiones del ejercicio 1, 15 del ejercicio 2 y 15 del ejercicio 3. Luego se pasa al siguiente grupo de ejercicios 1, 2 y 3. Hay que hacer el número de vueltas correspondiente al nivel obtenido en las pruebas.

– **Series**: dependerá del número de vueltas realizadas del circuito.

– **Intensidad**: media-alta, que cueste algo llegar a la última repetición.

– **Recuperación**: entre ejercicios es lo que lleve desplazarse de uno a otro. Entre vueltas es de 45 segundos.

– **Velocidad**: moderada, ni rápida ni lenta.

ENTRENAMIENTO 1	ENTRENAMIENTO 2	ENTRENAMIENTO 3
1. Flexiones de brazo (si es necesario, apoyar rodillas para llegar a las 15 repeticiones)	1. Jalón al pecho, agarre inverso	1. Press inclinado con mancuernas
2. Encogimientos abdominales mano a mismo pie	2. Encogimientos abdominales mano a mismo pie	2. Encogimientos abdominales mano a mismo pie
3. Press plano con mancuernas	3. Encogimientos de trapecio con mancuernas	3. Aperturas planas con mancuernas
1. Elevaciones de pelvis para abdominal con piernas estiradas	1. Fondos de tríceps en banco/s	1. Elevaciones de pelvis para abdominal con piernas estiradas
2. Bíceps con barra en polea baja	2. Elevaciones de pelvis para abdominal con piernas estiradas	2. Bíceps con barra en polea baja
3. Elevación de pelvis para lumbares		3. Elevación de pelvis para lumbares

Entrenamiento de extensiones, programa C

Vídeos recomendados

- **Flexiones normales**:
  http://youtu.be/o1uEOySgqeI

- **Flexiones con rodillas apoyadas**:
  http://youtu.be/cay0sCjaY2s

- **Flexiones con manos apoyadas en pared**:
  http://youtu.be/yEshJMmWsiI

- **Encogimientos mano a mismo pie**:
  http://youtu.be/9PWHPGqgIcE

- **Press plano con mancuernas**:
  http://youtu.be/X11Z4ZIYSns

- **Press inclinado con mancuernas**:
  http://youtu.be/hniVrHuGvhA

- **Jalón al pecho agarre estrecho**:
  http://youtu.be/2oySz9COBIY

- **Jalón al pecho agarre inverso**:
  http://youtu.be/-HeRottnWYI

- **Encogimientos con mancuerna**:
  http://youtu.be/u3N8CNlkezk

- **Fondos en banco o silla**:
  http://youtu.be/aX093Pr3TLY

- **Elevación de pelvis para abdominales**:
  http://youtu.be/MtQQgPfX_LI

- **Curl con barra en polea baja**:
  http://youtu.be/PSrsVuKcxCM

- **Elevación de pelvis para lumbar y glúteo**:
  http://youtu.be/oy06osLViIs

Jalón al pecho con agarre inverso

3. Entrenamiento de circuito de agilidad

Realizarlo según lo indicado en el Capítulo 16.

PROGRAMA NIVEL	C
Muy bajo	2 veces por partes y 2 veces por pasos
Bajo	2 veces por partes y 3 veces por pasos
Medio	2 veces por partes y 3 veces por pasos
Alto	3 veces por partes y 3 veces por pasos
Muy alto	3 veces por partes y 3 veces por pasos

Entrenamiento de circuito, programa C

4. Entrenamiento de resistencia 2000 metros

Tener en cuenta:

– **Intensidad**:

    * **Baja**, que no cueste apenas esfuerzo. 60 % de la FCM.

    * **Media**, que permita hablar sin esfuerzo. 70 % de la FCM.

* **Alta**, que se entrecorten las palabras a la hora de hablar. 80 % de la FCM.

* **Muy alta**, que sea casi imposible hablar. 90 % de la FCM.

Ejemplo: persona de 30 años. FCM = 220 - edad = 190 de pulsaciones máximas teóricas por minuto. El 70 % de 190 es 133 pulsaciones/minuto.

- **Estiramientos**: al acabar se debe estirar las piernas manteniendo la posición sin hacer rebotes durante 30-40 segundos.

	ENTRENAMIENTO 1	ENTRENAMIENTO 2	ENTRENAMIENTO 3
Nivel muy bajo	20 min carrera continua, intensidad media	20 min carrera continua, intensidad media	20 min carrera continua, intensidad media
Nivel bajo	25 min carrera continua, intensidad media	30 min progresivos: 10 medio, 10 alto, 10 medio	25 min carrera continua, intensidad media
Nivel medio	5 min medio 15 min cambios ritmo: 2 medio-1 alto 5 min medio para relajar	35 min progresivos: 10 medio, 15 alto, 10 medio	40 min carrera continua, intensidad media
Nivel alto	5 min medio 20 min cambios ritmo: 2 medio-1 alto 5 min medio para relajar	40 min progresivos: 10 medio, 10 alto, 10 muy alto, 10 medio	45 min carrera continua, intensidad alta 4 progresiones de 50 m acabando a ritmo alto
Nivel muy alto	5 min medio 25 min cambios ritmo: 2 medio-1 alto 5 min medio para relajar	45 min progresivos: 10 medio, 15 alto, 10 muy alto, 10 medio	50 min carrera continua, intensidad alta 4 progresiones de 50 m acabando a ritmo alto

Entrenamiento de carrera de 2000 metros, programa C

5. Entrenamiento de soltura acuática 50 metros

Observaciones en los entrenamientos de natación:

– Intensidad: media.

– Estilos: vienen determinados. Si pone "estilo libre", significa que es a libre elección (no tiene por qué ser crol).

– Distancia a realizar: viene determinada en metros, aunque solo ponga un dato numérico.

– Recuperación: se hace de forma vertical, dentro del agua pero con los pies apoyados.

– Estiramientos: al acabar se deben estirar los brazos y piernas manteniendo la posición sin hacer rebotes durante 30-40 segundos.

Ejercicio de pies de crol

	ENTRENAMIENTO 1	ENTRENAMIENTO 2	ENTRENAMIENTO 3
Nivel muy bajo	50 metros braza 4 x 25 pies crol con tabla 2. Rec: 40 seg 50 metros braza	50 metros estilo libre 4 x 25 rasca pulgar. Rec: 40 segundos 50 metros estilo libre	50 metros braza 4 x 25 pies crol con tabla 2. Rec: 40 seg 50 metros braza
Nivel bajo	100 metros estilo libre 2 x 25 crol. Rec: 25 seg 6 x 25 pies crol con tabla 2. Rec: 40 seg 100 metros estilo libre	100 metros estilo libre 6 x 25 rasca pulgar. Rec: 40 segundos 100 metros estilo libre	100 metros estilo libre 2 x 25 crol. Rec: 25 seg 6 x 25 pies crol con tabla 2. Rec: 40 seg 100 metros estilo libre
Nivel medio	200 metros estilo libre 3 x 25 crol. Rec: 20 seg 4 x 50 pies crol con tabla 2. Rec: 30 seg 4 x 50 espalda. Rec: 30 segundos 200 metros estilo libre	200 metros estilo libre 4 x 50 rasca pulgar. Rec: 30 segundos 4 x 50 espalda doble, patada simultánea. Rec: 20 segundos 200 metros estilo libre	200 metros estilo libre 3 x 25 crol. Rec: 20 seg 4 x 50 pies crol con tabla 2. Rec: 30 seg 4 x 50 espalda. Rec: 30 segundos 200 metros estilo libre
Nivel alto	200 metros estilo libre 4 x 50 crol. Rec: 15 seg 4 x 50 pies crol con tabla 2. Rec: 25 seg 4 x 50 espalda. Rec: 25 segundos 4 x 50 crol ritmo alto. Rec: 30 segundos 200 metros estilo libre	200 metros estilo libre 4 x 100 rasca pulgar. Rec: 25 segundos 4 x 50 espalda doble patada simultánea. Rec: 20 segundos 200 metros estilo libre	200 metros estilo libre 4 x 50 crol. Rec: 15 seg 4 x 50 pies crol con tabla 2. Rec: 25 seg 4 x 50 espalda. Rec: 25 segundos 4 x 50 crol ritmo alto. Rec: 30 segundos 200 metros estilo libre
Nivel muy alto	300 metros estilo libre 4 x 100 pies crol con tabla 2. Rec: 25 seg 4 x 50 espalda. Rec: 25 segundos 4 x 50 crol ritmo alto. Rec: 30 segundos 300 metros estilo libre	200 metros estilo libre 4 x 100 rasca pulgar. Rec: 25 segundos 4 x 50 espalda doble patada simultánea. Rec: 20 segundos 200 metros estilo libre	300 metros estilo libre 4 x 100 pies crol con tabla 2. Rec: 25 seg 4 x 50 espalda. Rec: 25 segundos 4 x 50 crol ritmo alto. Rec: 30 segundos 300 metros estilo libre

Entrenamiento de natación 50 metros, programa C

Vídeos recomendados

- **Estilo braza**:
  https://youtu.be/_hE-_IsEx-o

- **Estilo crol**:
  https://youtu.be/A1D-_iZS6Is

- **Estilo crol pies tabla 2**:
  https://youtu.be/zpzC-tPn2yM

155.NATACIÓN - Estilo Crol (pies con tabla 2)

- **Estilo espalda**:
  https://youtu.be/ltt23Cr2X94

- **Estilo crol rasca pulgar**:
  https://youtu.be/7LG5Mg-EYCs

- **Estilo espalda doble simultánea**:
  https://youtu.be/u38cHW19LOI

IMPORTANTE: se debe realizar el test de todas las pruebas físicas antes de comenzar el siguiente programa. Puede que el nivel del opositor haya cambiado.

CAPÍTULO 20

Periodo competitivo general: programa D

1. Introducción

Se debe realizar durante el tiempo indicado en el "Capítulo 17".

2. Entrenamiento de extensiones de brazo

En este entrenamiento, las consideraciones a tener en cuenta son:

- **Repeticiones**: 8 de cada uno de los ejercicios, excepto en abdominales y lumbares que hay que hacer 12.

- **En circuito**: las vueltas dependerán del nivel obtenido en las pruebas. Ejemplo: 8 repeticiones del ejercicio 1, 8 del ejercicio 2 y 8 del ejercicio 3. Luego se pasa al siguiente grupo de ejercicios 1 y 2. Hay que hacer el número de vueltas correspondiente al nivel obtenido en las pruebas.

- **Series**: dependerá del número de vueltas realizadas del circuito.

- **Intensidad**: alta, que cueste mucho llegar a la última repetición.

- **Recuperación**: entre ejercicios es lo que lleve desplazarse de uno a otro. Entre vueltas es de 1 min 15 segundos.

- **Velocidad:** lenta.

ENTRENAMIENTO 1	ENTRENAMIENTO 2	ENTRENAMIENTO 3
1. Press banca plano con barra	1. Jalón al pecho, agarre normal	1. Flexiones con manos en banco
2. Encogimientos abdominales giro codo a rodilla contraria	2. Encogimientos abdominales giro codo a rodilla contraria	2. Encogimientos abdominales giro codo a rodilla contraria
3. Lumbares en banco	3. Lumbares en banco	3. Lumbares en banco
1. Flexiones con manos en banco	1. Flexiones con manos en hombros y codos pegados al cuerpo	1. Press plano con mancuernas
2. Fondos de tríceps entre bancos	2. Bíceps con barra recta, agarre normal	2. Fondos de tríceps entre bancos

Entrenamiento de extensiones de brazo, programa D

Press banca plano con barra

 Vídeos recomendados

- **Flexiones con manos en banco**:
  http://youtu.be/_QekEjU9fQc

- **Flexiones con rodillas apoyadas**:
  http://youtu.be/cay0sCjaY2s

- **Flexiones con manos apoyadas en pared**:
  http://youtu.be/yEshJMmWsiI

- **Abdominales de giro a codo a rodilla contraria**:
  http://youtu.be/yGxD-bSB3nU

- **Elevación de tronco en banco**:
  http://youtu.be/9HDCJEWka0Y

- **Press plano con mancuernas**:
  http://youtu.be/X11Z4ZIYSns

- **Jalón al pecho agarre estrecho**:
  http://youtu.be/2oySz9COBIY

- **Flexiones con manos en hombros
  y codos pegados al cuerpo**:
  http://youtu.be/kD-0WZUrKa4

- **Press plano con barra**:
  http://youtu.be/SdiqU6xjw2s

- **Curl con barra recta, agarre inverso**:
  http://youtu.be/B0JjZAZ7Brw

- **Fondos entre bancos o sillas**:
  http://youtu.be/emsqdl21gJM

3. Entrenamiento de circuito de agilidad

Realizarlo según las indicaciones dadas en el Capítulo 16.

PROGRAMA NIVEL	D
Muy bajo	2 veces por partes y 3 veces libre
Bajo	2 veces por partes y 4 veces libre
Medio	2 veces por partes y 4 veces libre
Alto	3 veces por partes y 4 veces libre
Muy alto	3 veces por partes y 4 veces libre

Entrenamiento de circuito, programa D

4. Entrenamiento de resistencia 2000 metros

Las consideraciones a tener en cuenta son:

– **Intensidad**:

* Baja, que no cwueste apenas esfuerzo. 60 % de la FCM.

* Media, que permita hablar sin esfuerzo. 70 % de la FCM.

* Alta, que se entrecorten las palabras a la hora de hablar. 80 % de la FCM.

* Muy alta, que sea casi imposible hablar. 90 % de la FCM.

Ejemplo: persona de 30 años. FCM = 220 - edad = 190 de pulsaciones máximas teóricas por minuto. El 70 % de 190 es 133 pulsaciones/minuto.

– **Estiramientos**: al acabar, se deben estirar las piernas manteniendo la posición sin hacer rebotes durante 30-40 segundos.

	ENTRENAMIENTO 1	ENTRENAMIENTO 2	ENTRENAMIENTO 3
Nivel muy bajo	20 min carrera continua, intensidad alta	20 min carrera continua, intensidad alta	20 min carrera continua, intensidad alta
Nivel bajo	5 min medio 15 min cambios ritmo: 2 medio-1 alto 5 min medio	20 min progresivos: 5 medio, 5 alto, 5 muy alto, 5 medio	25 min carrera continua, intensidad alta
Nivel medio	10 min medio 2 x 800 metros muy alto. Descanso: con 3 min entre series 10 min medio	5 min medio 15 min cambios ritmo: 1 medio-1 alto 5 min medio	30 min progresivos: 5 medio, 10 alto, 10 muy alto, 5 medio 4 progresiones de 50 m acabando a ritmo alto
Nivel alto	10 min medio 3 x 800 metros muy alto. Descanso: con 3 min entre series 10 min medio	5 min medio 20 min cambios ritmo: 1 medio-1 muy alto 5 min medio	35 min progresivos: 5 medio, 15 alto, 10 muy alto, 5 medio 4 progresiones de 50 m acabando a ritmo alto
Nivel muy alto	10 min medio 4 x 800 metros muy alto. Descanso: con 3 min entre series 10 min medio	5 min medio 25 min cambios ritmo: 1 medio- 1muy alto 5 min medio	40 min progresivos: 10 medio, 15 alto, 10 muy alto, 5 medio 4 progresiones de 50 m acabando a ritmo alto

Entrenamiento de carrera de 2000 metros, programa D

Progresión en pista de atletismo

5. Entrenamiento de soltura acuática 50 metros

Observaciones en los entrenamientos de natación:

– Intensidad: media.

– Estilos: vienen determinados. Si pone "estilo libre", significa que es a libre elección (no tiene por qué ser crol).

– Distancia a realizar: viene determinada en metros, aunque solo ponga un dato numérico.

– Recuperación: se hace de forma vertical, dentro del agua pero con los pies apoyados.

– Estiramientos: al acabar se deben estirar los brazos y piernas manteniendo la posición sin hacer rebotes durante 30-40 segundos.

	ENTRENAMIENTO 1	ENTRENAMIENTO 2	ENTRENAMIENTO 3
Nivel muy bajo	50 metros braza 3 x 25 crol. Rec: 30 seg 4 x 25 crol punto muerto con tabla. Rec: 40 seg 50 metros braza	50 metros estilo libre 3 x 25 crol con aletas. Rec: 30 seg 4 x 25 rasca pulgar. Rec: 40 segundos 50 metros estilo libre	50 metros braza 3 x 25 crol. Rec: 30 seg 4 x 25 crol punto muerto con tabla. Rec: 40 seg 50 metros braza
Nivel bajo	100 metros estilo libre 3 x 25 crol con palas. Rec: 25 seg 6 x 25 crol punto muerto con tabla. Rec: 40 seg 100 metros estilo libre	100 metros estilo libre 6 x 25 rasca pulgar. Rec: 40 segundos 3 x 50 crol con aletas. Rec: 25 seg 100 metros estilo libre	100 metros estilo libre 3 x 25 crol con palas. Rec: 25 seg 6 x 25 crol punto muerto con tabla. Rec: 40 seg 100 metros estilo libre
Nivel medio	200 metros estilo libre 4 x 25 crol con palas. Rec: 20 seg 4 x 50 crol punto muerto con tabla. Rec: 30 seg 4 x 50 espalda. Rec: 30 segundos 200 metros estilo libre	200 metros estilo libre 4 x 50 rasca pulgar. Rec: 30 segundos 4 x 50 crol con aletas. Rec: 25 seg 4 x 50 espalda doble, patada de braza. Rec: 20 segundos 200 metros estilo libre	200 metros estilo libre 4 x 25 crol con palas. Rec: 20 seg 4 x 50 crol punto muerto con tabla. Rec: 30 seg 4 x 50 espalda. Rec: 30 segundos 200 metros estilo libre

.../...

...*/*...

	ENTRENAMIENTO 1	ENTRENAMIENTO 2	ENTRENAMIENTO 3
Nivel alto	200 metros estilo libre 4 x 75 crol. Rec: 15 seg 4 x 50 crol punto muerto con tabla. Rec: 25 seg 4 x 50 espalda. Rec: 25 segundos 4 x 50 crol ritmo alto. Rec: 30 segundos 200 metros estilo libre	200 metros estilo libre 4 x 100 rasca pulgar. Rec: 25 segundos 5 x 50 crol con aletas. Rec: 20 seg 4 x 50 espalda doble patada de braza. Rec: 20 segundos 200 metros estilo libre	200 metros estilo libre 4 x 75 crol. Rec: 15 seg 4 x 50 crol punto muerto con tabla. Rec: 25 seg 4 x 50 espalda. Rec: 25 segundos 4 x 50 crol ritmo alto. Rec: 30 segundos 200 metros estilo libre
Nivel muy alto	300 metros estilo libre 4 x 100 crol punto muerto con tabla. Rec: 25 seg 4 x 50 espalda. Rec: 25 segundos 4 x 50 crol ritmo alto. Rec: 30 segundos 300 metros estilo libre	200 metros estilo libre 4 x 100 rasca pulgar. Rec: 25 segundos 5 x 50 crol con aletas. Rec: 20 seg 4 x 50 espalda doble patada simultánea. Rec: 20 segundos 200 metros estilo libre	300 metros estilo libre 4 x 100 crol punto muerto con tabla. Rec: 25 seg 4 x 50 espalda. Rec: 25 segundos 4 x 50 crol ritmo alto. Rec: 30 segundos 300 metros estilo libre

Entrenamiento de natación 50 metros, programa D

Estilo de crol estirando brazada

Vídeos recomendados

- **Estilo braza**:
  https://youtu.be/_hE-_IsEx-o

- **Estilo crol**:
  https://youtu.be/A1D-_iZS6ls

- **Estilo crol punto muerto tabla**:
  https://youtu.be/Sf5DmJFbgtw

- **Estilo crol con palas**:
  https://youtu.be/aqreG3HnSjA

- **Estilo espalda**:
  https://youtu.be/Itt23Cr2X94

- **Estilo crol rasca pulgar**:
  https://youtu.be/7LG5Mg-EYCs

- **Estilo espalda doble simultánea**:
  https://youtu.be/u38cHW19LOI

- **Estilo espalda doble patada braza**:
  https://youtu.be/AOtxjEFrnes

IMPORTANTE: se debe realizar el test de todas las pruebas físicas antes de comenzar el siguiente programa. Puede que el nivel del opositor haya cambiado.

CAPÍTULO 21

Periodo competitivo específico: programa E

1. Introducción

Se debe realizar durante el tiempo indicado en el Capítulo 17.

2. Entrenamiento de extensiones de brazo

Tener en cuenta:

- **Repeticiones**: 12 de cada uno de los ejercicios.

- **En circuito**: las vueltas dependerán del nivel obtenido en las pruebas. Ejemplo: 12 repeticiones del ejercicio 1, 12 del ejercicio 2 y 12 del ejercicio 3. Luego se pasa al siguiente grupo de ejercicios 1, 2 y 3. Hay que hacer el número de vueltas correspondiente al nivel obtenido en las pruebas.

- **Series**: dependerá del número de vueltas que se realice el circuito.

- **Intensidad**: alta, que cueste mucho llegar a la última repetición.

- **Recuperación**: entre ejercicios es lo que lleve desplazarse de uno a otro. Entre vueltas es de 1 minuto.

- **Velocidad**: rápida.

Extensiones de brazo: fase de subida

Extensiones de brazo: fase de bajada

ENTRENAMIENTO 1	ENTRENAMIENTO 2	ENTRENAMIENTO 3
1. Flexiones con pies en banco	1. Flexiones espartanas (apoyar rodillas si es necesario)	1. Flexiones con pies en banco
2. Abdominales flexión de cadera colgado en barra	2. Abdominales flexión de cadera colgado en barra	2. Abdominales flexión de cadera colgado en barra
3. Lumbares en banco	3. Lumbares en banco	3. Lumbares en banco
1. Press inclinado con barra	1. Press inclinado con barra	1. Press inclinado con barra
2. Encogimientos abdominales tumbado lateral: tronco y una pierna	2. Encogimientos abdominales tumbado lateral: tronco y una pierna	2. Encogimientos abdominales tumbado lateral: tronco y una pierna
3. Flexiones con manos juntas	3. Flexiones con manos juntas	3. Flexiones con manos juntas

Entrenamiento de extensiones, programa E

Vídeos recomendados

- **Flexiones con pies en banco**:
  http://youtu.be/u5sO6TGE0e8

- **Flexiones espartanas**:
  http://youtu.be/9n4VD4Sac4w

- **Press inclinado con barra**:
  http://youtu.be/CZ8f0_FNV9c

- **Flexiones con manos juntas**:
  http://youtu.be/tMw-FPD-Ic0

- **Encogimientos laterales tronco y pierna**:
  http://youtu.be/8qTSflautxl

Encogimientos laterales: tronco y una pierna

3. Entrenamiento de circuito de agilidad

Realizarlo según las indicaciones dadas en el Capítulo 16.

PROGRAMA NIVEL	E
Muy bajo	6 veces libre
Bajo	7 veces libre
Medio	7 veces libre
Alto	8 veces libre
Muy alto	8 veces libre

Entrenamiento de circuito, programa E

4. Entrenamiento de resistencia 2000 metros

- **Intensidad:**

  * **Baja**, que no cueste apenas esfuerzo. 60 % de la FCM.

  * **Media**, que permita hablar sin esfuerzo. 70 % de la FCM.

  * **Alta**, que se entrecorten las palabras a la hora de hablar. 80 % de la FCM.

  * **Muy alta**, que sea casi imposible hablar. 90 % de la FCM.

  Ejemplo: persona de 30 años. FCM = 220 - edad = 190 de pulsaciones máximas teóricas por minuto. El 70 % de 190 es 133 pulsaciones/minuto.

- **Estiramientos**: al acabar se debe estirar las piernas manteniendo la posición sin hacer rebotes durante 30-40 segundos.

	ENTRENAMIENTO 1	ENTRENAMIENTO 2	ENTRENAMIENTO 3
Nivel muy bajo	25 min carrera continua, intensidad alta	20 min progresivos: 5 medio, 5 alto, 5 muy alto, 5 medio	25 min carrera continua, intensidad alta
Nivel bajo	10 min medio 2 x 800 metros alto. Descanso: con 2 min entre series 10 min medio	10 min medio 15 min cambios ritmo: 1 medio-1 alto 5 min medio	30 min progresivos: 10 medio, 10 alto, 5 muy alto, 5 medio
Nivel medio	10 min medio 4 x 600 metros muy alto. Descanso: con 3 min entre series 10 min medio	40 min progresivos: 10 medio, 10 alto, 15 muy alto, 5 medio 4 progresiones de 80 m acabando a ritmo alto	10 min medio 3 x 1000 metros muy alto. Descanso: con 2 min entre series 10 min medio
Nivel alto	10 min medio 4 x 600 metros muy alto. Descanso: con 3 min entre series 10 min medio	45 min progresivos: 10 medio, 15 alto, 15 muy alto, 5 medio 4 progresiones de 80 m acabando a ritmo alto	10 min medio 4 x 1000 metros muy alto. Descanso: con 2 min entre series 10 min medio
Nivel muy alto	10 min medio 5 x 600 metros muy alto. Descanso: con 3 min entre series 10 min medio	50 min progresivos: 10 medio, 15 alto, 20 muy alto, 5 medio 4 progresiones de 80 m acabando a ritmo alto	10 min medio 5 x 1000 metros muy alto. Descanso: con 2 min entre series 10 min medio

Entrenamiento de carrera de 2000 metros, programa E

5. Entrenamiento de soltura acuática 50 metros

Observaciones en los entrenamientos de natación:

- Intensidad: media.

- Estilos: vienen determinados. Si pone "estilo libre", significa que es a libre elección (no tiene por qué ser crol).

- Distancia a realizar: viene determinada en metros, aunque solo ponga un dato numérico.

- Recuperación: se hace de forma vertical, dentro del agua pero con los pies apoyados.

- Estiramientos: al acabar se deben estirar los brazos y piernas manteniendo la posición sin hacer rebotes durante 30-40 segundos.

	ENTRENAMIENTO 1	ENTRENAMIENTO 2	ENTRENAMIENTO 3
Nivel muy bajo	50 metros braza 3 x 25 pies crol con tabla 1. Rec: 30 seg 3 x 25 crol. Rec: 30 seg 4 x 25 crol palas. Rec: 30 seg 4 x 25 crol punto muerto con tabla. Rec: 40 seg 50 metros braza	50 metros estilo libre 3 x 25 pies crol con tabla 1. Rec: 30 seg 3 x 50 crol con aletas. Rec: 30 seg 4 x 25 rasca pulgar. Rec: 40 segundos 50 metros estilo libre	50 metros braza 3 x 25 pies crol con tabla 1. Rec: 30 seg 3 x 25 crol. Rec: 30 seg 4 x 25 crol palas. Rec: 30 seg 4 x 25 crol punto muerto con tabla. Rec: 40 seg 50 metros braza
Nivel bajo	100 metros estilo libre 3 x 25 pies crol con tabla 1. Rec: 30 seg 4 x 25 crol palas. Rec: 30 seg 6 x 25 crol punto muerto con tabla. Rec: 40 seg 100 metros estilo libre	100 metros estilo libre 3 x 25 pies crol con tabla 1. Rec: 30 seg 6 x 25 rasca pulgar. Rec: 40 segundos 3 x 50 crol con aletas. Rec: 25 seg 4 x 50 espalda. Rec: 20 segundos 100 metros estilo libre	100 metros estilo libre 3 x 25 pies crol con tabla 1. Rec: 30 seg 4 x 25 crol palas. Rec: 30 seg 6 x 25 crol punto muerto con tabla. Rec: 40 seg 100 metros estilo libre

.../...

	ENTRENAMIENTO 1	ENTRENAMIENTO 2	ENTRENAMIENTO 3
Nivel medio	200 metros estilo libre 4 x 50 pies crol con tabla 1. Rec: 25 seg 4 x 25 crol con palas. Rec: 20 seg 4 x 50 crol punto muerto con tabla. Rec: 30 seg 4 x 50 espalda. Rec: 30 segundos 200 metros estilo libre	200 metros estilo libre 4 x 50 pies crol con tabla 1. Rec: 25 seg 4 x 50 rasca pulgar. Rec: 30 segundos 4 x 50 crol con aletas. Rec: 25 seg 4 x 50 espalda. Rec: 20 segundos 200 metros estilo libre	200 metros estilo libre 4 x 50 pies crol con tabla 1. Rec: 25 seg 4 x 25 crol con palas. Rec: 20 seg 4 x 50 crol punto muerto con tabla. Rec: 30 seg 4 x 50 espalda. Rec: 30 segundos 200 metros estilo libre
Nivel alto	200 metros estilo libre 4 x 50 pies crol con tabla 1. Rec: 25 seg 4 x 75 crol. Rec: 15 seg 4 x 50 crol palas. Rec: 25 seg 4 x 50 crol punto muerto con tabla. Rec: 25 seg 4 x 50 espalda. Rec: 25 segundos 4 x 50 crol ritmo alto. Rec: 30 segundos 200 metros estilo libre	200 metros estilo libre 4 x 50 pies crol con tabla 1. Rec: 25 seg 4 x 100 rasca pulgar. Rec: 25 segundos 4 x 50 crol palas. Rec: 25 seg 5 x 50 crol con aletas. Rec: 20 seg 4 x 50 espalda. Rec: 20 segundos 200 metros estilo libre	200 metros estilo libre 4 x 50 pies crol con tabla 1. Rec: 25 seg 4 x 75 crol. Rec: 15 seg 4 x 50 crol palas. Rec: 25 seg 4 x 50 crol punto muerto con tabla. Rec: 25 seg 4 x 50 espalda. Rec: 25 segundos 4 x 50 crol ritmo alto. Rec: 30 segundos 200 metros estilo libre
Nivel muy alto	300 metros estilo libre 4 x 50 pies crol con tabla 1. Rec: 25 seg 4 x 50 crol palas. Rec: 25 seg 4 x 100 crol punto muerto con tabla. Rec: 25 seg 4 x 50 espalda. Rec: 25 segundos 4 x 50 crol ritmo alto. Rec: 30 segundos 300 metros estilo libre	200 metros estilo libre 4 x 50 pies crol con tabla 1. Rec: 25 seg 4 x 100 rasca pulgar. Rec: 25 segundos 4 x 50 crol palas. Rec: 25 seg 5 x 50 crol con aletas. Rec: 20 seg 4 x 50 espalda. Rec: 20 segundos 200 metros estilo libre	300 metros estilo libre 4 x 50 pies crol con tabla 1. Rec: 25 seg 4 x 50 crol palas. Rec: 25 seg 4 x 100 crol punto muerto con tabla. Rec: 25 seg 4 x 50 espalda. Rec: 25 segundos 4 x 50 crol ritmo alto. Rec: 30 segundos 300 metros estilo libre

Entrenamiento de natación 50 metros, programa E

Vídeos recomendados

- **Estilo braza**:
  https://youtu.be/_hE-_IsEx-o
- **Estilo crol**:
  https://youtu.be/A1D-_iZS6Is
- **Estilo crol pies tabla 1**:
  https://youtu.be/OaOVm--6Wws
- **Estilo crol punto muerto tabla**:
  https://youtu.be/Sf5DmJFbgtw
- **Estilo crol con palas**:
  https://youtu.be/aqreG3HnSjA
- **Estilo espalda**:
  https://youtu.be/Itt23Cr2X94
- **Estilo crol rasca pulgar**:
  https://youtu.be/7LG5Mg-EYCs
- **Estilo crol con aletas**:
  https://youtu.be/DEDFrlRotxs

NATACIÓN- Estilo Crol (con Aletas)

157.NATACIÓN · Estilo Crol (con aletas)

Palas de natación para ejercer más fuerza con los brazos

IMPORTANTE: se debe realizar el test de todas las pruebas físicas para saber el nivel final del opositor y conocer la marca actual antes de presentarse a las pruebas físicas oficiales.

CAPÍTULO 22

Consejos para los días previos a las pruebas

1. Introducción

Los días previos a las pruebas de aptitud física del examen oficial de acceso a la Guardia Civil, hay que tener en cuenta varios aspectos referentes al entrenamiento y a la alimentación. Es importante hacer una reducción del volumen y la intensidad de los entrenamientos. En cuando a la alimentación, se debe aumentar en la ingesta de hidratos de carbono con el fin de llegar al día de las pruebas físicas con los depósitos de glucógeno muscular y hepático bien llenos. De esta forma, el opositor estará descansado y con energía para realizar las cuatro pruebas físicas.

2. Entrenamientos

En cada convocatoria sale a sorteo la primera letra del primer apellido por la que empezarán a ser examinados los aspirantes a la Guardia Civil.

Durante los 3 días previos a dicha prueba, cada opositor deberá modificar tanto su entrenamiento como su alimentación. El objetivo es llegar más descansado a las pruebas físicas y con toda la energía posible. Para ello, habrá una reducción del volumen y la intensidad de los entrenamientos.

	3.er día previo	2.º día previo	Día previo
Flexiones	Entrenar con normalidad	Reducir 2 vueltas del circuito	No hacer musculación. Especial dedicación a los estiramientos
Circuito de agilidad	Entrenar con normalidad	Solo 4 veces	Solo 3 veces
Carrera de 2000 metros	Entrenar con normalidad	30 min Carrera continua	15 min Carrera continua. Especial dedicación a los estiramientos
Natación 50 metros	Entrenar con normalidad	200 metros crol 4 x 50 metros a ritmo alto: Rec: 45 segundos 200 metros crol	400 metros crol descansado si es necesario Especial dedicación a los estiramientos

Entrenamientos en los días previos a las pruebas físicas oficiales

Principales estiramientos de piernas

Principales estiramientos de tronco y brazo

3. Alimentación

 Sabías que...

Durante el periodo de mediados del siglo XX, durante la Guerra Fría, la Unión Soviética tuvo en secreto estudios nutricionales y dietéticos con el objetivo de lograr la "supremacía en el deporte" de sus atletas, hecho que revelaban en los sucesivos Juegos Olímpicos de aquella época.

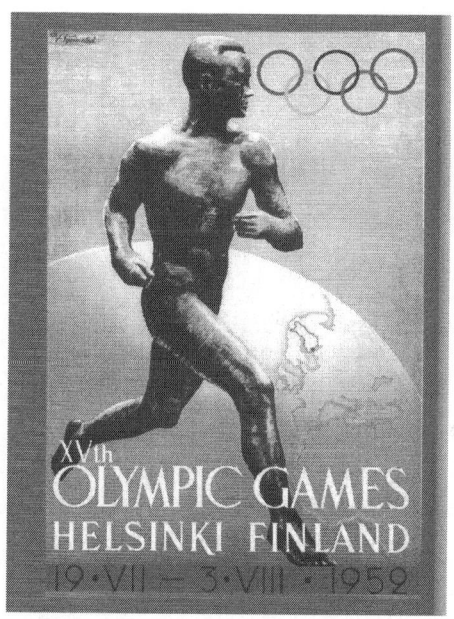

	3er día previo	2º día previo	Día previo
Desayuno	Alto en hidratos de carbono	Alto en hidratos de carbono	Alto en hidratos de carbono
Almuerzo	Más fruta y líquidos	Más fruta y líquidos	Más fruta y líquidos
Comida	Alta en hidratos de carbono	Alta en hidratos de carbono	Alta en hidratos de carbono
Merienda	Más fruta y líquidos	Más fruta y líquidos	Más fruta y líquidos
Cena	Alta en hidratos de carbono	Alta en hidratos de carbono	Alta en hidratos de carbono

Pautas alimenticias en los días previos a las pruebas físicas oficiales

Durante los tres días previos es importante aumentar la ingesta de hidratos de carbono complejos (arroz, pasta, patata, pan...) con el fin de reponer el glucógeno muscular y hepático para realizar las pruebas con toda la energía acumulada posible.

Recuerda que...

El músculo y el hígado tienen almacenada energía en forma de glucógeno y eso será lo que prime a la hora de suministrar energía en el ejercicio físico.

Principales fuentes de hidratos de carbono complejos

Asimismo, también se recomienda beber gran cantidad de agua y bebidas isotónicas para tener bien hidratados los músculos y evitar calambres o un bajo rendimiento por deshidratación.

Sabías que...

El músculo está formado por un 75 % de agua. Por esta razón es tan importante mantener el cuerpo hidratado. De esta forma, la musculatura no mermará su rendimiento.

Benardot incide en que *"Es importante beber abundante líquido que contenga carbohidratos durante el ejercicio. Es conveniente consumir al menos 400 calorías de carbohidratos inmediatamente después del entrenamiento. Este es el primer intento de que sus músculos reemplacen el glucógeno muscular que había perdido durante el ejercicio".*

Un **masaje de descarga muscular** es una buena opción para llegar fresco el día de las pruebas, pero deberá llevarse a cabo con tres días de anterioridad, como mínimo, para poder reactivar de nuevo los músculos.

Masaje antes de las pruebas físicas

El mismo día de la prueba no se debe cambiar la rutina del desayuno. Se recomienda consumir lo de siempre. Ese día no es momento para experimentar. Si se quiere **probar algún alimento o suplemento nutricional nuevo**, se deberá hacer con anterioridad para ver los resultados obtenidos con ello.

Hay que tener en cuenta el tiempo que va a pasar desde el desayuno hasta la ejecución de las 4 pruebas físicas. Los aspirantes suelen ser citados a las 9:00 de la mañana, hora en la que comenzarán los exámenes. Dependiendo del orden alfabético del primer apellido, cada opositor podrá intuir más o menos la franja horaria en la que se examinará. Ejemplo: si cierto día se examinan los aspirantes cuyo primer apellido comience por la letra "s", los que sean "Suárez" podrán deducir que serán de los últimos en examinar. En algunas convocatorias, los funcionarios miden la altura de los opositores antes de comenzar la primera prueba física, hecho que hace que se produzcan menos exámenes por la mañana. El análisis de esta información será importante para prever que más o menos realizarán las pruebas físicas a última hora de la mañana (los exámenes suelen durar de 9:00 a 13:30/14:00). Por lo tanto, se deberá llevar algún alimento encima, como puede ser una barrita energética.

CAPÍTULO 23

Trucos para el día del examen oficial

1. Introducción

Como se ha dicho anteriormente, en el capítulo 15, el orden de las pruebas físicas puede ser, según aparece en las bases de la convocatoria (extensiones de brazos, circuito de agilidad, carrera de 2000 metros y natación de 50 metros).

Vídeos recomendados

- **Carrera rodillas arriba**:
  https://youtu.be/UFaOSRA7Rsg

- **Carrera talones atrás**:
  https://youtu.be/dTscAQ-ONW8

- **Carrera salida sprint**:
  https://youtu.be/M3cjURMmnF4

2. Extensiones de brazos

La prueba de fuerza extensora de brazos se realiza en grupos de tres opositores, estando un examinador con cada uno. Suele haber unas marcas en el suelo para colocar las manos y una almohadilla para apoyar la barbilla en la fase de bajada que puede medir hasta 6 centímetros. No obstante, esto no es una norma general y en alguna convocatoria no se contaba con ello. Así pues, las extensiones deben entrenarse en todo momento bajando bien y tocando con el mentón en el suelo.

La posición de partida es tumbado en el suelo, con todo el cuerpo apoyado. Las palmas de las manos deben estar en contacto con el suelo con el fin de comenzar la ascensión por medio de una extensión del tríceps y la contracción del pectoral. La primera repetición se cuenta desde la posición de extensión de brazos, una vez que se baja y se vuelve a subir.

Para que el examinador dé por válidas todas las repeticiones es necesario que sean realizadas en todo su recorrido, bajando y subiendo por completo.

No es necesario bloquear la articulación de codo en la fase de ascenso. Es suficiente con marcar la extensión del brazo y volver a bajar flexionándolo.

Examen de extensiones de brazos

3. Circuito de agilidad

Lo más recomendable es **entrenarlo por partes** y, una vez automatizadas, hacerlo de principio a fin.

En cada giro que hagamos es importante **frenar con la pierna del exterior**.

Si se quiere reducir el tiempo de los pasos de valla por encima, se aconseja realizar un salto a una pierna.

Para reducir tiempo en el salto final se deberá contactar con el suelo lo antes posible. El examinador para el cronómetro cuando un pie toca el suelo. Por ello, se debe realizar el salto a una pierna y buscar el suelo con el pie de la otra pierna.

Dado que es una prueba en la que se permiten **2 intentos**, se puede arriesgar en el primero para intentar lograr una buena marca.

Con el fin de evitar resbalar, se recomienda limpiar la suela del calzado deportivo con algo de tela (por ejemplo, una camiseta).

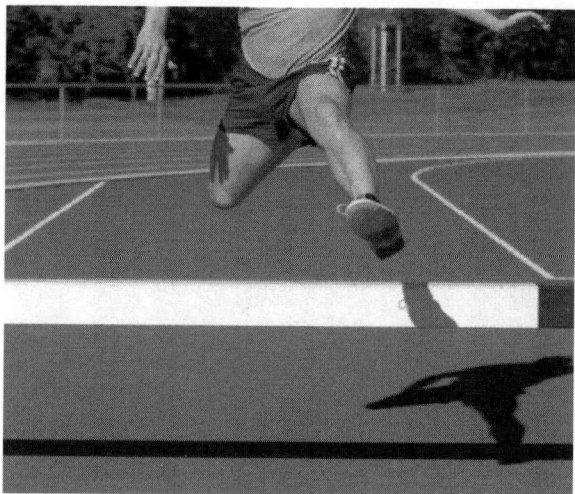

4. Resistencia 2000 metros

Para la realización de esta prueba se forman grupos de 8-10 aspirantes que tendrán que realizar cinco vueltas a una pista de atletismo de cemento.

En esta prueba será de vital importancia controlar la respiración y, con ello, las pulsaciones cardíacas. El aire se debe inspirar por la nariz (oxígeno) y espirar por la boca (dióxido de carbono). Las **respiraciones** deberán ser **profundas y controladas**. Esto evitará la aparición de flatos.

Para una buena **estrategia del ritmo de carrera**, se aconseja realizar la prueba con un reloj cronómetro. Así se podrá controlar la velocidad con la que se desarrolla esta prueba. Hay aspirantes a los que le va bien comenzar de menos a más y, por el contrario, otros prefieren empezar a ritmo elevado y aguantar como bien puedan. Al llevar el **cronómetro en la muñeca**, se asegura uno que va a un ritmo dentro de sus posibilidades. Todos saben el tiempo que suelen tardar en recorrer la distancia de los dos kilómetros. La estrategia de carrera consiste en llevar previsto el tiempo al que se debe pasar por los 400, 800, 1200 y 1600 metros.

 Recuerda que...

La carrera de 2000 metros se realiza en un recorrido de 400 metros. Por tanto, para cubrir la distancia, se deben realizar cinco vueltas.

Para su realización, está permitido el uso de un **reproductor de música**. Es por ello que llevar dos o tres canciones motivantes puede producir un buen resultado.

 Sabías que...

Hay estudios que corroboran que la música ayuda a inhibir la sensación de fatiga durante el ejercicio aeróbico.

Esta es una prueba en la que se suelen producir tiempos récord respecto a los test realizados, ya que en el mismo día de los exámenes hay un factor de motivación alto y una descarga de adrenalina.

Examen de carrera

5. Soltura acuática 50 metros

Esta prueba se suele realizar en una piscina de 25 metros. Por consiguiente, se debe realizar un largo de ida y otro de vuelta.

Los opositores son llamados en grupos de 6-8 personas. Cada uno se colocará en una calle.

La salida se realiza desde el borde de la piscina. La entrada al agua se recomienda que sea en forma de salto de cabeza para ganar tiempo y economizar energía. Hay que lanzarse a lo largo, pero con cuidado de no darse un planchazo. Los saltos en picado hacen que el aspirante se dirija hacia el fondo, produciéndose con ello una pérdida de tiempo.

Después de nadar los 25 metros se debe tocar la pared y cambiar de sentido para volver al punto de partida.

El cronómetro se para una vez que cada nadador toca un pulsador que hay en la pared de llegada.

Recuerda que...

El estilo de natación más rápido es el crol y con él se debe sacar la cabeza lateralmente para realizar las respiraciones necesarias.

Nadador en el borde de la piscina

CAPÍTULO 24

Casos de éxito

1. Introducción

A continuación se incluyen los testimonios reales de dos alumnos de David Sotelino López, preparador físico y autor del presente libro. Ellos cuentan su experiencia a la hora de preparar las pruebas físicas y cómo la superación de la oposición cambió sus vidas. Actualmente trabajan como Guardias Civiles.

Hay que tener en cuenta que estas declaraciones hacen referencia a las pruebas físicas pasadas, por lo que las distancias y marcas eran diferentes a las actuales.

2. Damián. Motorista de la Agrupación de Tráfico

A finales del año 1999 decidí prepararme las oposiciones a Guardia Civil. ¿Razones? Pues la verdad, fue por un poco de todo: el ayudar a la gente, el no atarme a un trabajo monótono de una fábrica u oficina y alguna cosa más. En aquellos tiempos aún estaba vigente la prueba de salto del caballo, esa prueba que a todos nos aterrorizaba, ya que como le cogieras miedo a saltarlo se esfumaban tus posibilidades de pasar las pruebas físicas. Pero la eliminaron el año que me presenté y ya no está entre las pruebas, así que se puede respirar aliviado.

Yo no tuve complicaciones para pasar las pruebas físicas ya que por aquel entonces jugaba al fútbol e iba tres veces a la semana al gimnasio a entrenar Taekwon-Do pero aun así, dedicaba unas seis horas a la semana a prepararlas. Sobre todo realizaba sesiones de resistencia de carrera mezcladas con salidas explosivas de unos veinte o treinta metros para habituar las piernas a los cambios de ritmo, ya que el orden de las pruebas era primero la carrera de 1000 metros y seguidamente los 50 metros y ahí es donde la gente se lesionaba por la tensión de los nervios, la carga muscular en las piernas por el kilómetro (que de aquella había que realizarlo en 4 minutos) y el esfuerzo de la salida explosiva de la carrera de 50 metros. Así que recomiendo no descuidar este aspecto porque es ahí donde descalifican a bastante gente.

En cuanto a la prueba extensora del tren superior (flexiones), recuerdo que todas las noches antes de irme a dormir hacía cinco series de quince.

Sobre la prueba de natación, es importante saber nadar porque más de uno se presentó sin saber y tuvo que tirarse un compañero del GRS a por él, así que los que no sepáis nadar apuntaos a los cursos de natación y a hacer largos.

Bueno, esta es, más o menos, mi experiencia en la preparación de las pruebas. Desearos suerte a todos y que algún día compartamos servicio. Muchas gracias, David, por acordarte de mí, un fuerte abrazo, amigo.

3. Lorena. Puesto Principal de Vall de Uxo

Fue en el año 2008 cuando decidí ponerme en serio con las oposiciones y para ello me apunté a una academia. Era mucho temario para preparar. Teníamos clases teóricas todas las mañanas y, además, tres días por semana de preparación física. Ahí, en esa academia, he ganado amigos con los que continúo en contacto en la actualidad. Recuerdo esa época con cariño y nostalgia, aunque dura y con muchas horas de estudio y entrenamiento. Había 2500 plazas (era una buena época) pero también había muchos opositores.

Me gustaba acudir a la academia y con más ganas todavía los días de educación física, ver como mejorábamos día a día, que cada vez recortábamos tiempos, mejorábamos marcas. También era muy importante poder desconectar y descargar tensiones para afrontar con más ganas el estudio. Teníamos cuatro pruebas físicas: carrera 1000 m, velocidad 50 m, natación 50 m y flexiones, 14 para las chicas y 18 para los chicos. Recuerdo que las flexiones era lo que más me costaba, apenas tenía fuerza en los brazos. ¡Pero con los entrenamientos dirigidos que nos tenía preparados el profesor enseguida lo conseguí!

Recuerdo que ese profesor de educación física era muy exigente, nos "daba mucha caña" y conseguía cada día que llegase a odiar correr de lo agotada que terminaba. Sin embargo, ahora le doy las gracias, ya que se ha convertido en mi deporte preferido y participo en numerosas carreras.

Aprobé las oposiciones a la Guardia Civil en enero de 2009 y en febrero entré en la Academia de Baeza (Jaén). Desde ahí ha cambiado totalmente mi vida, mi mentalidad; esta experiencia te hace madurar, cambiar prioridades y, sobre todo, ser más compañero. Desde la salida de la academia, he estado mi año de prácticas en O Grove (Pontevedra), después un año y medio en la comandancia de Castellón y en diciembre de 2011 destinada al Puesto Principal de Vall de Uxo (Castellón), en el cual estoy actualmente.

La Guardia Civil, además de muchas experiencias, enseñanzas, servicios duros, otros muy gratificantes y muchas horas de sueño y cansancio, ha hecho también que conociese al que ahora es mi marido.

BIBLIOGRAFÍA

– Abellán. J., Sainz. P., Ortín. E.J.: *Guía para la preinscripción de ejercicio físico*. SEH - LELH.

– Benardot, D.: *Nutrición para deportistas de alto nivel*. Editorial Hispano Europea. Barcelona, 2001.

– Calais-Germain, B.: *Anatomía para el movimiento*. Editorial La Liebre de Marzo. Barcelona, 2002.

– Grosser, M., Startischka, S., & Zimmermann, E.: *Principios del entrenamiento deportivo*. Editorial Martínez Roca, Barcelona, 1988.

– Matvéiev, L.: *El proceso del entrenamiento deportivo*. Editorial Stadium, Argentina.

– McAtee, R.E. y Charland, J.: *Estiramientos facilitados*. Editorial Paidotribo. Barcelona, 2000.

– Pancorbo, S.A.: *Medicina del Deporte*. Editorial: EDUCS. Brasil, 2002.

– Resolución 160/38338/2023, de 28 de julio, de la Dirección General de la Guardia Civil, por la que se convocan pruebas selectivas para el ingreso en los centros docentes de formación para la incorporación a la Escala de Cabos y Guardias del Cuerpo de la Guardia Civil.

– Thibadeau, C.: *El libro negro de los secretos del entrenamiento*. Editorial F. Lepine.